ALEGRÍA MUSICAL 6

PRIMERA EDICIÓN

AUTOR: ADA RODRÍGUEZ GUEVARA

"**La música es la más bella forma de lo bello**"
___José Martí (1853-1895) Apóstol de Cuba.

_____
_____

Autora:

Ada C. Rodríguez Guevara.

Diseños y producción musical:

Yavel Más Falcón

_____

Alegría Musical 6. Primera Edición.

Al Alumno

Este libro constituye el texto de música que utilizarás en este curso escolar. Está estructurado en: presentación, índice, área, anexos, glosario y bibliografía.

El primer tema abarca los elementos del lenguaje musical, como por ejemplo las figuras y silencios musicales, así como su ubicación en el pentagrama, además conocerás la definición de compás, en esta parte del contenido ejecutarás movimientos de dos tiempos y realizarás esquemas rítmicos y melódicos.

La expresión vocal y canto, constituye otro tema a tratar en el grado, aquí profundizarás en los conocimientos acerca de tu órgano fonador y en las medidas de higiene vocal para mantener saludable tus cuerdas vocales, realizarás ejercicios de inspiración, espiración aplicando la técnica vocal, con el fin de lograr una excelente voz a la hora de interpretar los diferentes cantos.

En la expresión instrumental estudiarás la clasificación de los instrumentos de cuerda, viento y percusión; la ejecución de la flauta dulce no podría faltar.

El último capítulo del texto sería la apreciación musical, aquí conocerás sobre los instrumentos que integran la orquesta sinfónica, así como su ubicación en este tipo de agrupación.

En el contenido aparecen insertados los ¿sabías que? estos te ofrecen informaciones curiosas y de interés sobre los temas aprendidos.

Las actividades para que realices en tu hogar se encuentran al final de algunos epígrafes y contribuirán al conocimiento de los temas.

Al concluir algunas lecciones, realizarás talleres y prácticas con el fin de desarrollar habilidades educativas adquiridas en clases.

Al final del texto, se incluye un glosario con el significado de términos musicales, para aclarar algunos aspectos del contenido. Considero que este libro contribuirá a tu formación musical, y lo recibirás pues es creado con amor para ti.

Autora

Presentación

"El ritmo y la armonía encuentran su camino hacia el interior del alma"

Platón.

El arte de hacer música va impregnado en cada persona, esta manifestación del arte eleva la autoestima, ayuda a las personas a proyectarse de una forma correcta ante cualquier situación. Cuando experimentamos sentimientos positivos tendemos a tararear o cantar alguna melodía, también en momentos tristes la música puede ser un buen consejero. Por lo general cada etapa de la vida por la que atraviesa el ser humano ha estado relacionada con algún tema musical en específico. Un lugar que no tenga música resulta aburrido, pues ella tiene efectos terapéuticos, por tal motivo en aeropuertos, lugares comerciales incluso en algunos hospitales proyectan temas musicales con el fin de lograr momentos placenteros.

La música aporta grandes beneficios, por ejemplo, es el denominador común para alcanzar confianza en sí mismo, es un lenguaje espiritual mediante el cual expresamos nuestros sentimientos, hace a la persona más hábil, analítica y capaz ante la solución de un problema determinado. En el plano social desarrolla individuos comunicativos, afables, joviales. La práctica de un instrumento desarrolla el hemisferio derecho del cerebro, mejora el lenguaje y la actividad motriz, por tales motivos es necesario que nuestros niños(a) y jóvenes se introduzcan en este mundo tan maravilloso:

La música

Índice

Unidad I

Elementos del lenguaje musical 6
Lección N°1: Figuras de notas musicales sus silencios y valores 8
Lección N°2: Figuras de notas y silencios 10
Lección N°3: Figuras de notas y silencios. Actividad práctica. 12
Lección N°4: Figuras y silencios musicales. Actividad práctica 13
Lección N°5: Juego del ferrocarril. Actividad Práctica. 14
Lección N°6: Notas musicales 16
Lección N°7: Notas musicales. Actividad práctica 18
Lección N°8: Notas musicales. Actividad práctica 19
Lección N°9: Clave de sol 20
Lección N°10: Compases simples, compuestos, amalgama 22
Lección N°11: Compases simples, compuestos, amalgama. Actividad práctica. 24
Lección N°12: Compás de 3/4 . Actividad práctica. 27
Lección N°13: Compas de 4/4 28
Lección N°14: Compases musicales. Actividad práctica. 31

Unidad II

Expresión vocal y canto 32
Lección N°15: Higiene vocal. Órganos de fonación 34
Lección N°16: Higiene vocal 37
Lección N°17: Órganos de fonación. 38
Lección N°18: Respiración y relajación. Actividad práctica 40
Lección N°19: Tipos de voces. 43
Lección N°20: Tipos de voces. Actividad práctica. 45
Lección N°21: Interpretación instrumental. Flauta dulce... 47
Lección N°22: Interpretación instrumental. Flauta dulce... 49
Lección N°23: Interpretación instrumental. 50
Lección N°24: Interpretación instrumental. Flauta dulce 51
Lección N°25: Interpretación instrumental. 52

Unidad III

Apreciación musical y música navideña 53
Lección N°26: Agrupaciones instrumentales 55
Lección N°27: Agrupaciones instrumentales 57
Lección N°28: Orquesta sinfónica 60
Lección N°29: Orquesta sinfónica. Actividad práctica 62
Lección N°30: Origen de las canciones navideñas 69
Lección N°31: Canciones navideñas 71
Lección N°32: Canciones navideñas 72
Lección N°33: Canciones navideñas 73
Glosario 75
Bibliografía. 78

Elementos del lenguaje musical

Objetivo de Aprendizaje: Identifica y utiliza los elementos de la gramática musical, en la entonación y creación de melodías.

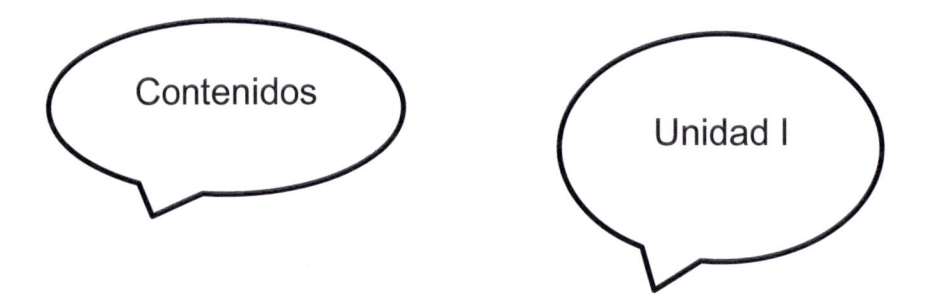

Contenidos

Unidad I

Elementos del lenguaje musical

- Figuras y silencios musicales

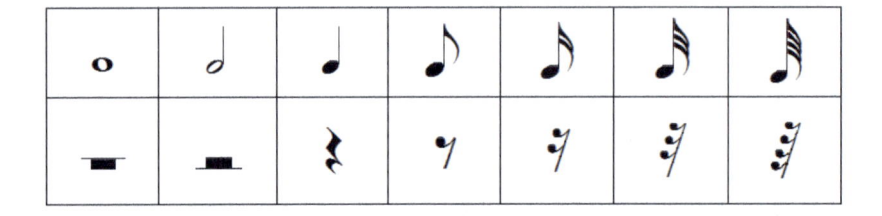

- Notas musicales

do	re	mi	fa	sol	la	si
C	D	E	F	G	A	B

- Líneas adicionales del pentagrama

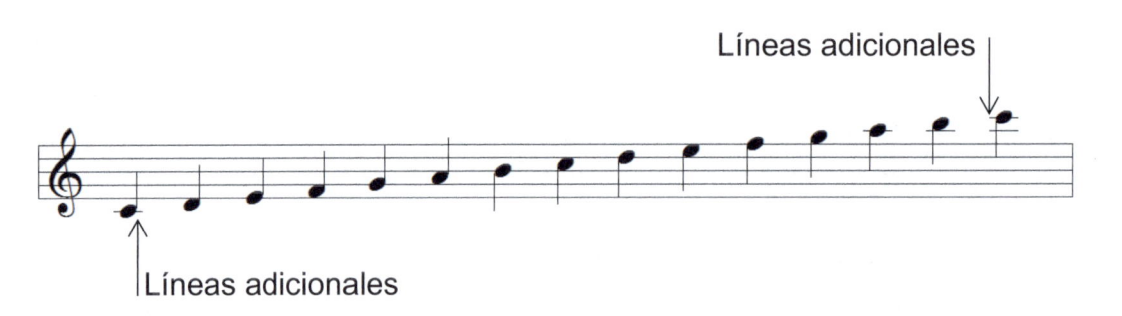

Líneas adicionales

Líneas adicionales

- Clave de sol y compases musicales

Competencias en desarrollo

Competencia comunicativa:

❖ Comunica de manera oral, escrita, visual y gestual los elementos del lenguaje musical.

Competencia pensamiento lógico matemático:

❖ Maneja estructuras básicas, conocimientos y procesos matemáticos, que le permiten comprender el valor de cada figura de nota y silencio musical.

Competencia cultural y artística:

❖ Analiza de forma creativa las situaciones, conceptos y sentimientos por medio del arte musical.

❖ Expresa las ideas, experiencias o sentimientos mediante diferentes medios tales como la música.

Contenidos

Conceptuales:

❖ Representa correctamente la clave de sol y las figuras de notas musicales en el pentagrama.

Procedimentales:

❖ Dibuja las figuras de notas musicales sobre las líneas y los espacios del pentagrama con referencia a la clave de sol.

Actitudinales:

❖ Compara cada uno de los elementos de la gramática musical

Indicadores de logro

❖ Dibuja correctamente la clave de sol y las figuras de notas musicales en el pentagrama.

❖ Escribe las figuras de notas musicales sobre las líneas y los espacios del pentagrama con referencia a la clave de sol.

❖ Compara cada uno de los elementos de la gramática musical.

❖ Lee y entona creativamente las notas musicales de una partitura, solo o en dúo de acuerdo al compás señalado.

Lección 1: Figuras de notas musicales, sus silencios y valores

Objetivo: Ubica en el pentagrama las figuras y silencios musicales.

Las figuras musicales constituyen los signos que determinan o fijan la duración del sonido. Los silencios son símbolos que señalan la interrupción del sonido. Cada figura de nota posee un silencio específico. Existen varias figuras de notas ellas son: redonda (o), blanca (o), negra (♩), corchea (♪) semicorchea (♪), fusa ♪ y semifusa (♪).

Nombre	Valor	Figura	Silencio	Representación numérica
Redonda	4 tiempos	o	▬	1
Redonda con puntillo	6 tiempos	o.	▬.	1
Blanca	2 tiempos	♩	▬	2
Blanca con puntillo	3 tiempos	♩.	▬.	2
Negra	1 tiempo	♩	𝄽	4
Negra con puntillo	1 tiempo 1/2	♩.	𝄽.	4
Corchea	1/2 tiempo	♪	𝄾	8
Corchea con puntillo	3/4 tiempo	♪.	𝄾.	8
Semicorchea	1/4 tiempo	♬	𝄿	16
Fusa	1/8 tiempo	♬	𝅀	32
Semifusa	1/16 tiempo	♬	𝅁	64

Observa en la siguiente pirámide la equivalencia entre las figuras musicales.

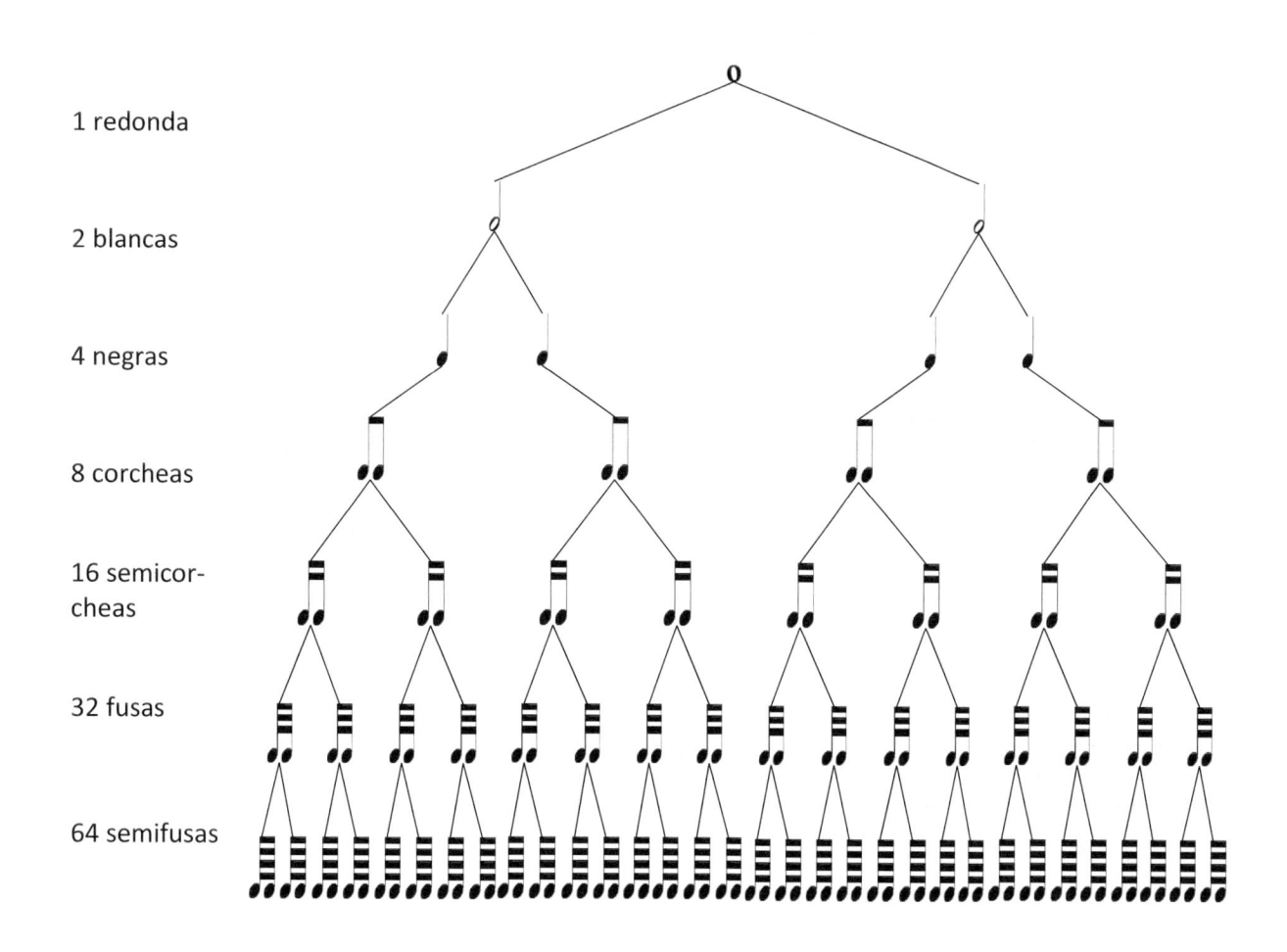

1 redonda

2 blancas

4 negras

8 corcheas

16 semicorcheas

32 fusas

64 semifusas

Actividad para el hogar

I. Escribe en el espacio en blanco la o las respuestas correctas.
1. La figura de blanca tiene un valor de: _____
2. Una negra con puntillo vale: _____
3. Por una figura de redonda pueden entrar: 32_____
4. Por una blanca entran: 4 _____ y 8 _____
5. Por una negra entran: 8: _____ y 16 _____
6. La figura de semicorchea tiene un valor de: _____
7. Una fusa es igual a: 4 _____.
8. Una semicorchea es igual a: 4 _____.

Lección 2: Figuras de notas y silencios

Objetivo: Dibuja en el pentagrama las figuras de notas y silencios.

Actividad práctica

Dibuja en los siguientes pentagramas las figuras de notas y sus silencios en el siguiente orden: redonda, blanca, negra, corchea, semicorchea, fusa y semifusa.

Lección 3: Figuras de notas y silencios

Objetivo: Identifica en la composición musical las figuras de notas y silencios.

🎼 Actividad práctica

Materiales: Lápices de colores.

1. Observa la siguiente composición musical y circula con tus lápices de colores las figuras con sus silencios de la siguiente manera:

Figuras y silencios de:	Color
Redonda	Rojo
Blanca	Naranja
Negra	Negro
Corchea	Azul
Semicorchea	Amarillo
Fusa	Verde
Silencios	Rosado

2. Señala con una flecha y escriba el nombre de la figura al que pertenece el silencio.

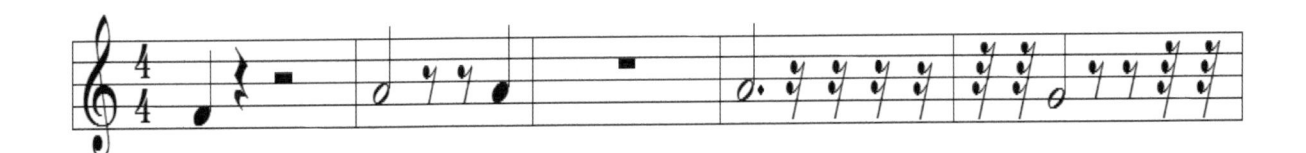

Lección 4: Figuras y silencios musicales

Objetivo: Calcula el valor de las figuras musicales mediante la suma y la resta.

Actividad práctica

Sugerencias: El resultado de los cálculos se tiene que representar no de forma numérico sino con el dibujo de la figura musical.

1. Observa los siguientes cálculos de las figuras musicales y dibuje la figura del resultado obtenido.

#	Ejercicio		#	Ejercicio
1	𝅝 − ♩ = _____		8	♩. + ♩. = _____
2	𝄻 − 𝄼 = _____		9	𝄿 + 𝄿 = _____
3	𝅗𝅥 + 𝅗𝅥 = _____		10	♪ + ♪ = _____
4	𝄼 + 𝄼 = _____		11	♩ + ♩ = _____
5	𝄻 + 𝅗𝅥 = _____		12	𝄻 − 𝄿 = _____
6	𝅗𝅥. + ♩ = _____		13	𝄾 + 𝄾 = _____
7	𝅝 − 𝅗𝅥. = _____		14	𝅘𝅥𝅯 + 𝅘𝅥𝅯 = _____

Lección 5: Juego del ferrocarril

Objetivo: Realiza juegos infantiles aplicando el valor de las figuras y silencios musicales.

Actividad Práctica

Sugerecias: Se necesita que el salón quede amplio con las sillas ubicadas en las esquinas. El maestro puede darle el rol a un estudiante de anunciar la salida de los vagones, pueden hacer simulacro de la voz de un autoparlante con el fin de simular algo real.

La actividad se podrá realizar también a manera de competencia entre los diferentes vagones (el que salga retrasado cuando se anuncie es porque tiene desperfectos entonces saldrá del juego).

Se pueden alternar los estudiantes con el fin que pasen por las diferentes figuras.

Procedimientos: Se podrá dividir el grupo en 7 equipos, representando cada uno diferentes figuras desde la redonda hasta la semifusa, así de la siguiente manera:

equipo 1 redonda, equipo 2 blanca, equipo 3 negra, equipo 4 corchea, equipo 5, semicorchea, equipo 6 fusa, equipo 7 semifusa. Cada uno de los vagones estará en una estación de trenes diferente por lo que habrán 7 paradas distintas.

Los 7 equipos se deberán ubicar en filas uno al lado del otro, un estudiante que será el delantero llevará en alto el cartel que identifique a su vagón.

Cuando el docente diga: salida de la estación uno, entonces saldrán los estudiantes que representan las redondas marcando sus 4 tiempos con las palmas de las manos y con su voz irán diciendo Chu-Chu (cada palabra debe abarcar 4 tiempos). A los minutos de estar en marcha el primer coche, por orientación del maestro(a) saldrá el segundo Chu-Chu (cada palabra debe abarcar 2 tiempos), así se procederá con cada una de las figuras hasta llegar al séptimo. Se podrán hacer paradas en diferentes puntos de la ciudad en este caso, estaría en correspondecia con el tiempo del silencio de cada figura.

Después de transitar cada vagón por las calles, entonces el maestro(a) podrá anunciar otras salidas, pero al azar por ejemplo: puede salir primero el vagón 5, después el 3 como elija el maestro(a).

Actividad para el hogar

1. **Pareo**. Relacione la columna A con la B según el valor de cada figura de nota y silencio.

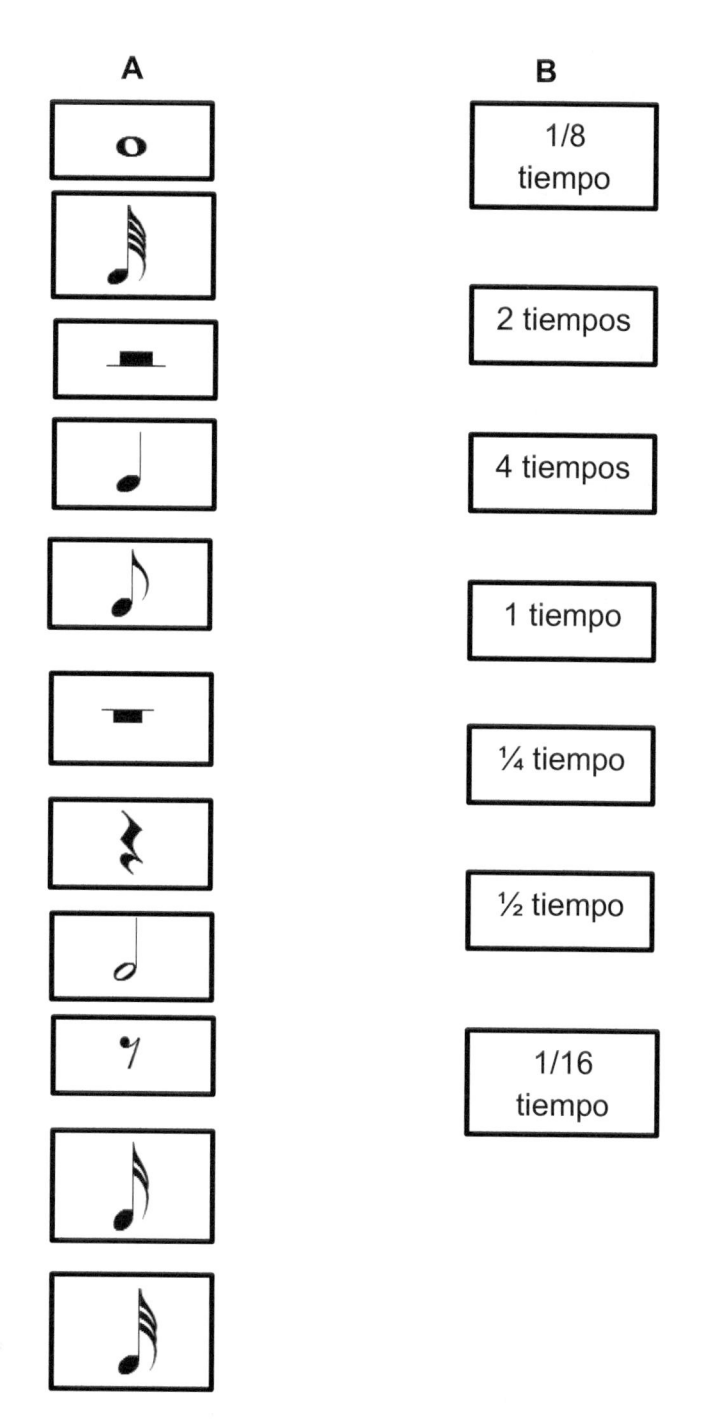

A	B
𝐨	1/8 tiempo
𝅘𝅥𝅰	
▬	2 tiempos
𝅘𝅥	
	4 tiempos
𝅘𝅥𝅮	
	1 tiempo
▬	
	¼ tiempo
𝄿	
	½ tiempo
𝅗𝅥	
𝄾	
	1/16 tiempo
𝅘𝅥𝅯	
𝅘𝅥𝅮	

Lección 6: Notas musicales

Objetivo: Menciona el nombre de las notas musicales en la clave de sol.

Como ya conoces de otros grados las notas musicales son 7 y se llaman, do (C), re, (D), mi (E), fa (F), sol (G), la (A), si (B). Se escriben en sistema latín o anglosajón (inglés) observe:

Español	do	re	mi	fa	sol	la	si
Anglosajón	C	D	E	F	G	A	B

Las notas se colocan en el pentagrama que es un conjunto de cinco líneas y cuatro espacios. El nombre de ellas se debe a un signo que va ubicado, al principio del pentagrama que recibe el nombre de clave.

Observemos las notas en líneas en clave de sol:

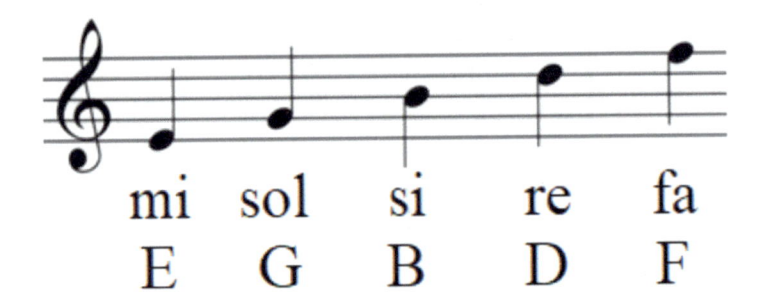

mi   sol   si   re   fa
E   G   B   D   F

Notas en espacio en clave de sol.

fa   la   do   mi
F   A   C   E

También existen notas que se escriben fuera del pentagrama porque son demasiado agudas o graves, por lo tanto, se les coloca unas rayas cortas llamadas **líneas adicionales** o **auxiliares**.

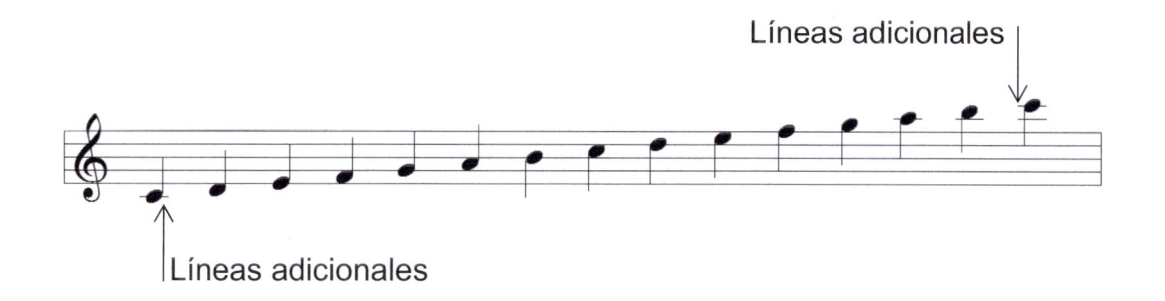

Líneas adicionales

Líneas adicionales

Las líneas adicionales pueden ser superiores e inferiores.

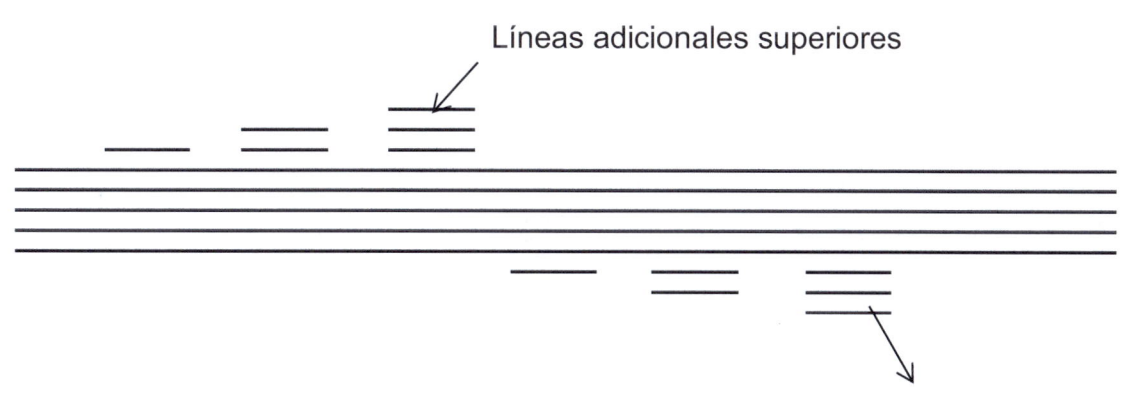

Líneas adicionales superiores

Líneas adicionales inferiores.

Después de la **fa** ubicada en la quinta línea del pentagrama, le continúa el sol en espacio adicional, seguido a este en **la** en línea adicional, después el **si** en espacio adicional, le sigue el **do** en línea adicional, así sucesivamente. En las inferiores ocurre similar, sería, **do** central, en el espacio adicional le seguiría **si**, en la línea adicional **la,** de inmediato **sol.**

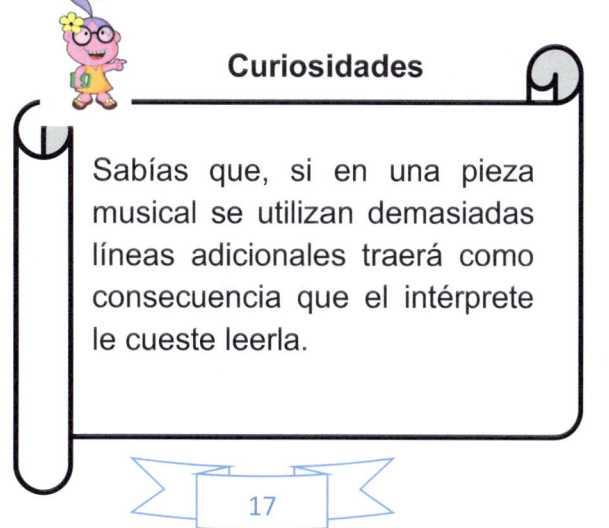

Curiosidades

Sabías que, si en una pieza musical se utilizan demasiadas líneas adicionales traerá como consecuencia que el intérprete le cueste leerla.

Lección 7: Notas musicales

Objetivo: Ubica en el pentagrama las notas musicales en líneas adicionales y en espacios.

Actividad Práctica

1. Auxiliándote del pentagrama que aparece a continuación ubica las siguientes notas musicales y escribe su nombre:

a. **do** central, **do** en espacio, **do** en línea adicional superior.

b. **re** ubicado a continuación del **do** central, **re** en línea, y re en línea adicional superior.

c. **mi** en línea, **mi** en espacio y en línea adicional superior.

d. **la** en espacio, en línea adicional superior e inferior.

e. **fa** en espacio, en línea, en línea adicional inferior y superior.

f. **sol** en línea y en espacio de línea adicional inferior y superior.

g. **si** en línea y en espacio, línea adicional inferior y superior.

Lección 8: Notas musicales

Objetivo: Dibuja e identifica las notas musicales.

Actividad Práctica

1. En los siguientes pentagramas dibuja las notas musicales de la siguiente manera:

   a. Notas en espacio.   b. Notas en líneas.   c. Notas en líneas adicionales.

   d. Escribe el nombre en cada caso.

2. Observa la siguiente composición musical y escribe el nombre de cada nota musical.

Lección 9: Clave de sol

Objetivo: Dibuja la clave de sol en el pentagrama musical.

La clave es un signo musical, que se escribe a la izquierda del pentagrama y le da el nombre a las notas musicales. Existen tres tipos de claves ellas son:

La clave de **sol** 𝄞 se escribe en la segunda línea, por lo que la nota que se coloca en esa posición recibe el nombre de **sol**.

La clave de **fa** 𝄢 se escribe en la tercera y cuarta línea, por lo que las notas que se colocan en esas mismas líneas reciben el nombre de **fa**.

La clave de **do** 𝄡 se escribe en 1ra, 2da, 3ra y 4ta línea, por lo que las notas que se colocan en esas mismas líneas reciben del nombre de **do**.

En la clase de hoy practicará la escritura de la clave de sol. Primero trazarás sobre los puntos discontinuos que aparecen en los dos primeros pentagramas y seguidamente dibujarás la clave en los pentagramas restantes varias veces.

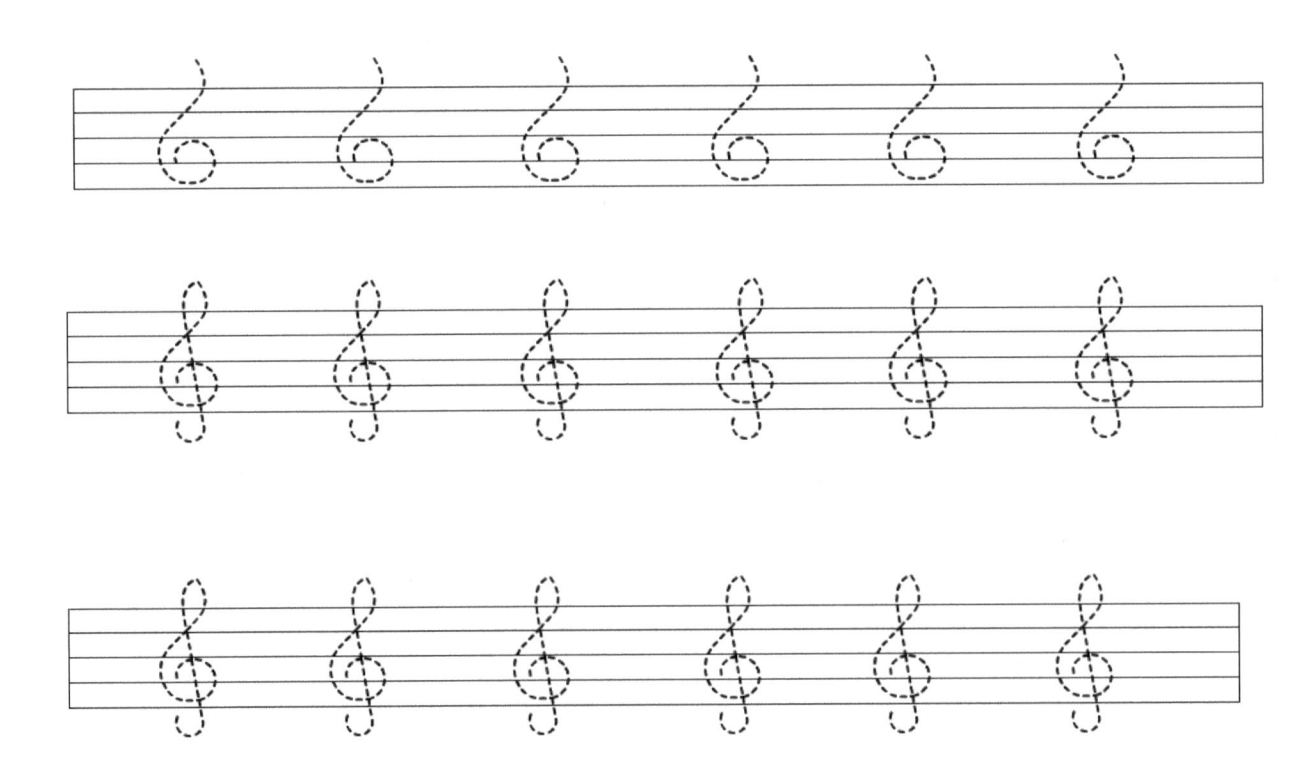

Lección 10: Compases simples, compuestos, amalgama

Objetivo: Menciona las características de los compases simples, compuestos y de amalgama.

Todas las piezas musicales se escriben en un determinado ritmo con una estructura métrica, a lo que llamamos **compás**. Existen varios tipos de compases estos se clasifican en simples o compuestos. Los simples poseen una subdivisión binaria, y según el numerador pueden ser: binarios que se miden a 2 tiempos, ternarios a 3 tiempos y los cuaternarios o irregulares a 4 tiempos.

Los compuestos tienen una subdivisión ternaria, el numerador puede ser: 6 (binario o lo que es lo mismo 2 pulsaciones por compás), 9 (ternario, 3 tiempos por cada compás) ó 12 (cuaternario, 4 tiempos por compás).

Existe además un compás llamado amalgama, este viene siendo la suma de dos compases simples distintos, pero con el mismo denominador, por ejemplo: un compás de $\frac{2}{4} + \frac{3}{4} = \frac{5}{4}$ este último sería el de amalgama. Estos compases se marcan de forma alternada con los dos que lo forman: $\frac{4}{4} + \frac{3}{4} = \frac{7}{4}$

Los numeradores más habituales en los compases de amalgama son: 5, 7, 8, 10 y 11 y los denominadores: 8 y 16

También se pueden unir compases compuesto, pero no es usual.

El compás se representa por un número en fracción, ubicado al principio de cada obra después de la clave y separado por la tercera línea del pentagrama, el numerador (número superior) de este elemento musical nos indica la cantidad de figuras que deben entrar en un compás (unidad de compás) y el denominador (número inferior) el tipo de figura o el número de tiempo que representa a cada figura (unidad de tiempo)

Cada fragmento de compás está dividido por una línea vertical denominada línea divisoria.

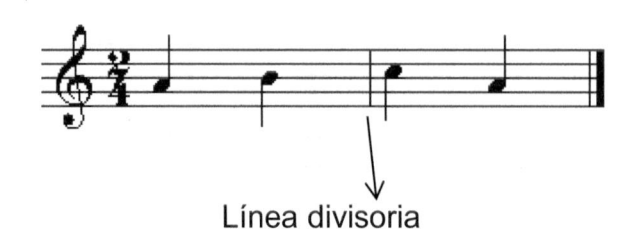

Línea divisoria

Actividad en clases

1. Lea el contenido de la página 22 y resuelva la siguiente sopa de letras.

B	I	N	A	R	I	O
T	C	F	M	N	D	D
E	U	R	A	U	E	I
R	A	A	L	M	N	V
N	T	C	G	E	O	I
A	E	C	A	R	M	S
R	R	I	M	A	I	O
I	N	O	A	D	N	R
O	A	N	N	O	A	I
R	R	E	E	R	D	A
U	I	F	T	E	O	T
M	O	A	I	H	R	A

1. Nombre de los compases que se miden a dos tiempos _____
2. Nombre de los compases que se miden a tres tiempos _____
3. Nombre de los compases que se miden a cuatro tiempos _____
4. La suma de dos compases simples distintos recibe el nombre de _____.
5. El compás se representa por un número en _____.
6. El número superior del compás recibe el nombre de _____.
7. La línea que divide el compás recibe el nombre de línea _____.

2. Escribe cuáles son los numeradores más habituales en los compases de amalgama:
_____.

3. Cuáles son los denominadores en los compases de amalgama: _____.

4. ¿Qué nos indica el numerador en un compás?
_____.

Lección 11: Compases simples, compuestos, amalgama

Objetivo: Identifica los compases simples, compuestos y de amalgama.

Actividad práctica

1. Completa el siguiente cuadro con la respuesta correcta.

Compases	Simple/ Compuesto	Amalgama	División (binaria, ternaria o cuaternaria)	Subdivisión (binaria o ternaria)	Unidad de tiempo	Unidad de compás
2/4						
6/8						
3/8						
9/4						
4/4						
12/8						
9/8						

En un compás de 2/4 pueden entrar:

En el compás de **2/4** es simple, la unidad de compás es la blanca y la de tiempo la negra. Se clasifica en binario, presenta un tiempo fuerte (el primero) y uno débil (el segundo), por ejemplo

El ritmo sería de esta forma: táta- táta.

Teniendo en cuenta los datos anteriores, crea una composición musical en un compás de **2/4**

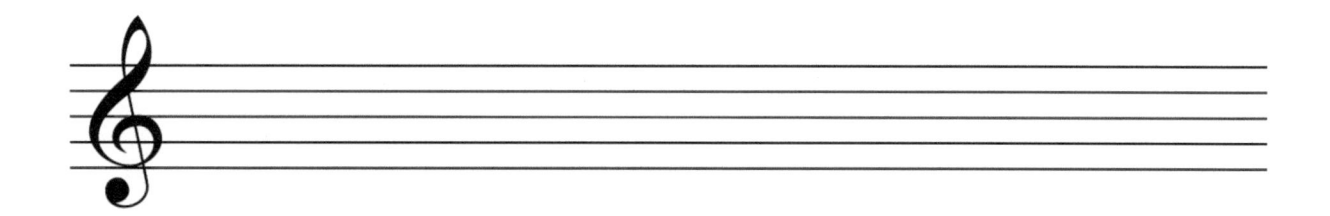

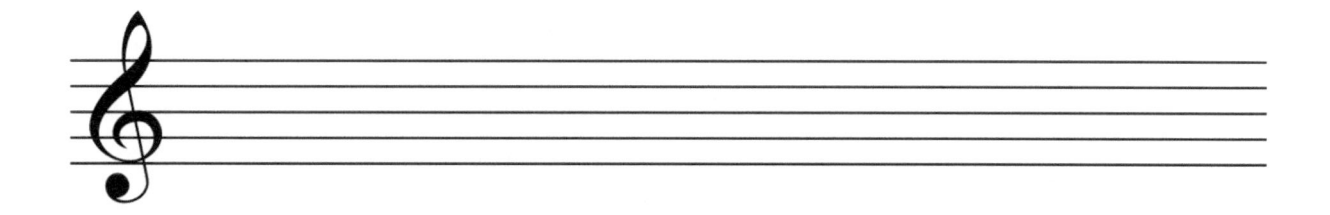

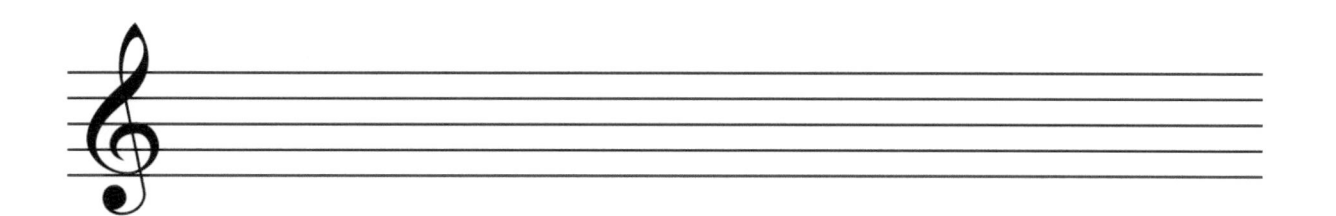

Entona y mide el tiempo de la composición que creaste y del siguiente fragmento musical, recuerda que es un compás binario y se mide a dos tiempos.

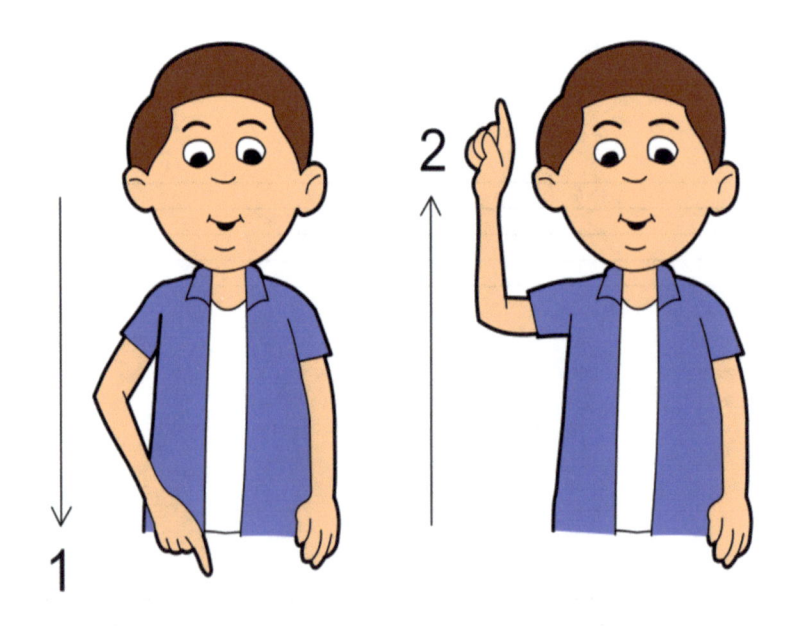

Lección 12: Compás de 3/4

Objetivo: Crea composición musical en compás de 3/4 utilizando la clave de sol.

Actividad Práctica

Sugerencias: Recordarle al estudiante que antes de crear la composición musical debe colocar después de la clave el compás separado por la tercera línea del pentagrama, y dividirlo por medio de la línea divisoria.

En el compás de 3 por 4 es simple y deben entrar:

$$\frac{3}{4}$$

La unidad de compás es la blanca con puntillo (el equivalente del numerador) la unidad de tiempo es la negra (el denominador que es 4 numéricamente representa a la negra). Se clasifica en ternario, porque tiene 3 tiempos, el primero fuerte, el segundo y tercero débil, por ejemplo: tátara- tátara- tátara.

1. Teniendo en cuenta la equivalencia de las figuras, crea tu composición musical en compás de ¾, entona y mide el tiempo.

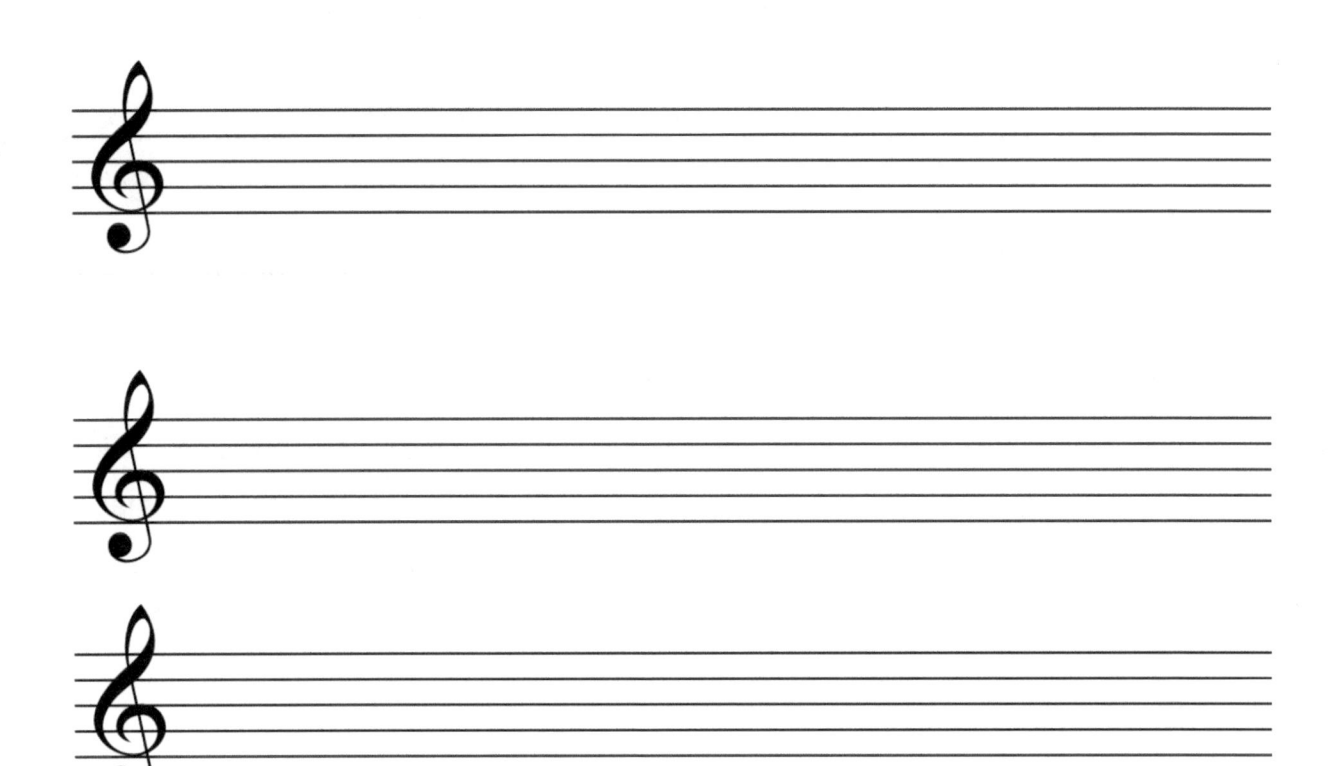

2. Bajo la orientación de tu maestro(a) y teniendo en cuenta las características del compás de ¾, mide el siguiente fragmento musical.

Lección 13: Compas de 4/4

Objetivo: Crea composición musical en compás de 4/4 utilizando la clave de sol

Actividad Práctica

Sugerencias: Recordarle al estudiante que antes de confeccionar el fragmento musical debe colocar después de la clave el compás (número en fracción) separado por la tercera línea del pentagrama, y además tiene que separar cada tiempo por medio de la línea divisoria.

En el compás de 4/4 la unidad de compás es la redonda, y de tiempo es la negra. Se clasifica en cuaternario, pues tiene cuatro tiempos y es simple. Es fuerte el primer pulso pero el tercero presenta una leve acentuación: tátatara- tátatara- tátatara.

En el compás de 4 por 4 se mide a 4 tiempos y deben entrar:

2. Crea una composición musical en compás de 4/4, entona y mide el tiempo.

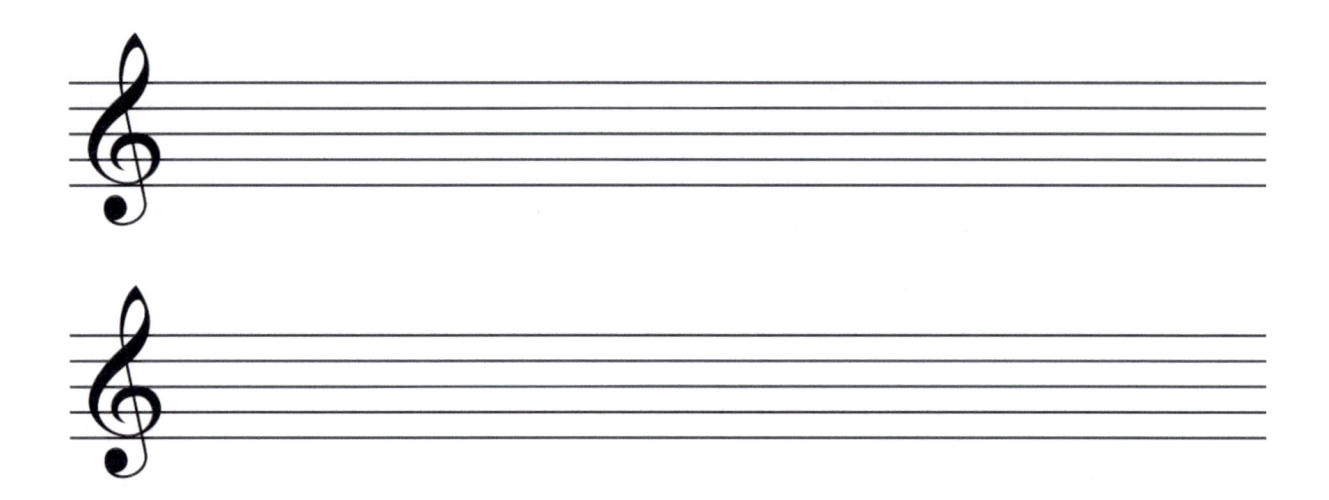

2. Bajo la orientación de tu maestro(a) mide el siguiente fragmento musical en compás de 4/4.

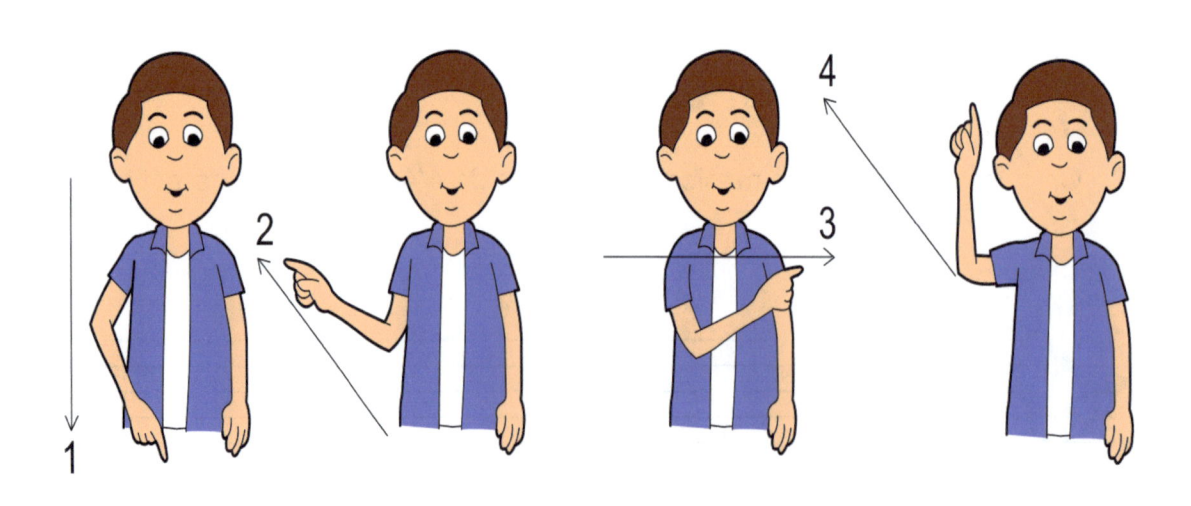

Lección 14: Compases musicales

Objetivo: Identifica los diferentes tipos de compases.

Actividad práctica

1. Observa las siguientes composiciones musicales e identifique que tipo de compás presenta cada uno.
2. Escribe en la línea que se encuentra después de la clave el número en fracción que representa el compás.
3. Cuál es la unidad de tiempo y de compás en cada uno.
4. Clasifícalos en binario, ternario y cuaternario.
5. Con la orientación de tu maestro(a) mide el tiempo de cada una de las composiciones (solfeo), teniendo en cuenta el movimiento de la mano en cada compás.

Unidad de tiempo:_____ Unidad de compás.

Unidad de tiempo:_____ Unidad de compás.

Unidad de tiempo:_____ Unidad de compás.

Expresión vocal y el canto. Expresión Instrumental

Objetivo de Aprendizaje: Expresa valores, estéticos y de buen gusto, a través de su interacción con las situaciones cotidianas que ofrece el contexto.

Valora las composiciones musicales producida por los diferentes instrumentos de una orquesta sinfónica e instrumentos folclóricos panameños.

Contenidos

Unidad II

Higiene vocal.

- ❖ Órganos de la fonación:
- ❖ La respiración y la relajación:

El Coro: Canciones a dos voces

- ❖ Música navideña: Origen y evolución de los cantos de navidad
- ❖ Cantos tradicionales. Villancicos
- ❖ Flauta dulce

Competencias en Desarrollo

Competencia conocimiento e interacción con el mundo físico:

- ❖ Mantiene y promueve su salud física, mental y emocional mediante la práctica de hábitos alimenticios, higiénicos y deportivos para fortalecerlas.
- ❖ Se conoce y se valora a sí mismo y a la familia como institución.

Competencia cultural y artística:

- ❖ Expresa las ideas, experiencias o sentimientos mediante diferentes medios artísticos tales como la música.
- ❖ Exhibe el talento artístico en el canto utiliza como herramienta de sensibilización social.

Contenidos

Conceptuales:

- ❖ Nombra correctamente los órganos de fonación.
- ❖ Relata sobre la celebración de la navidad.

Procedimentales:

- ❖ Realiza ejercicios de respiración relajación para mejorar la calidad de la voz.
- ❖ Interpreta villancicos tradicionales y nacionales

Actitudinales:

- ❖ Adquiere hábitos y prácticas para el cuidado de la voz y la expresión vocal.
- ❖ Valora el origen de los cantos navideños

Indicadores de logro

- ❖ Nombra correctamente los órganos de fonación, representados en una ilustración.
- ❖ Clasifica las voces femeninas y masculinas en el coro escolar.
- ❖ Participa en un coro con canciones a dos voces, con o sin acompañamiento musical.
- ❖ Relata de acuerdo con sus creencias sobre la celebración de la navidad en la familia y comunidad.
- ❖ Forma grupos para interpretar con alegría villancicos navideños tradicionales.
- ❖ Explica como ha evolucionado la celebración de la navidad en la familia y en la comunidad resaltando su idiosincrasia.

Lección 15: Higiene vocal. Órganos de fonación

> **Objetivo:** Menciona las medidas de higiene vocal para tener una excelente voz al cantar.

Te gustaría tener una excelente voz al cantar, pues para lograrlo debe tener presente algunas medidas de higiene vocal, por ejemplo:

1. Debes beber dos litros de agua al día, pues sería estupendo para hidratar tus cuerdas vocales ¡ah!, pero muy contrario al agua son los refrescos gaseados, estos le trastornan la voz por lo que le aconsejo que los elimines de tu dieta.
2. Cuidado con las bebidas muy frías o calientes pues te pueden irritar uno de los órganos fonadores que es la laringe.
3. Debes tener mucho cuidado con los cambios bruscos de temperatura, si está en aire o sale de repente al calor o viceversa pues le puede afectar el sistema respiratorio y por lo tanto a la laringe que forma parte de tus cuerdas vocales.
4. Evita cantar si está refriado.
5. Algo muy importante es no esforzar la voz en ambientes ruidosos.
6. Trata de descansar su voz mucho más si va a cantar, ¿cómo lo harías? pues dejando de hablar durante 15 o 20 minutos esto lo podrás hacer dos o tres veces al día.
7. Duerme sus ocho horas, descansa lo necesario pues de lo contrario tu voz se podría ver afectada escuchándose más grave.
8. En tu alimentación debes incorporar frutas y alejar las comidas chatarras que por lo general todas son grasosas y estas hacen que tu boca se reseque.
9. Respirar por la boca no es saludable para tus cuerdas vocales, pues te entraría aire frío y este afecta tu voz.

   Actividad para el hogar: De las figuras que a continuación te presentamos recórtalas y tráigalas pegadas en un papel de construcción, trata de dejar un espacio prudencial entre una y otra.

35

Lección 16: Higiene vocal

Objetivo: Identifica mediante la observación de figuras, los hábitos correctos para mantener una correcta higiene vocal.

Actividad práctica

Procedimientos:

1. Observa las figuras que has traído pegadas en el papel de construcción.
2. Relaciona cada figura con las medidas de higiene vocal que aparecen en la lección anterior.
3. Escribe al lado de cada figura el número que se corresponde con las medidas que aparecen en la clase pasada.
4. Circula con un piloto o color negro la figura que consideres que no representen un beneficio para la buena salud vocal.
5. Circula con un piloto o color rojo la figura que consideres que representan un beneficio para la buena salud vocal.

Lección 17: Órganos de fonación

Objetivo: Menciona los órganos de fonación.

¿Conoces cuál es el órgano de su cuerpo que permite producir y amplificar su voz al hablar y al cantar?, pues muy sencillo es tu aparato u órgano fonador, que está compuesto por estructuras que componen órganos de respiración, fonación, y articulación.

En la siguiente figura aparecen cada uno de los órganos mencionados anteriormente, los de **respiración** están formados por cavidades infraglóticas en la que tenemos los pulmones, bronquios y tráquea. En los de fonación tenemos las cavidades glóticas en donde encontramos la laringe, cuerda vocal y resonador-nasal, bucal y faríngea. Por último, los órganos de articulación que como su nombre lo indica nos permiten articular palabras, en este caso están las cavidades supraglóticas ellas son: paladar, lengua, dientes, labios y glotis.

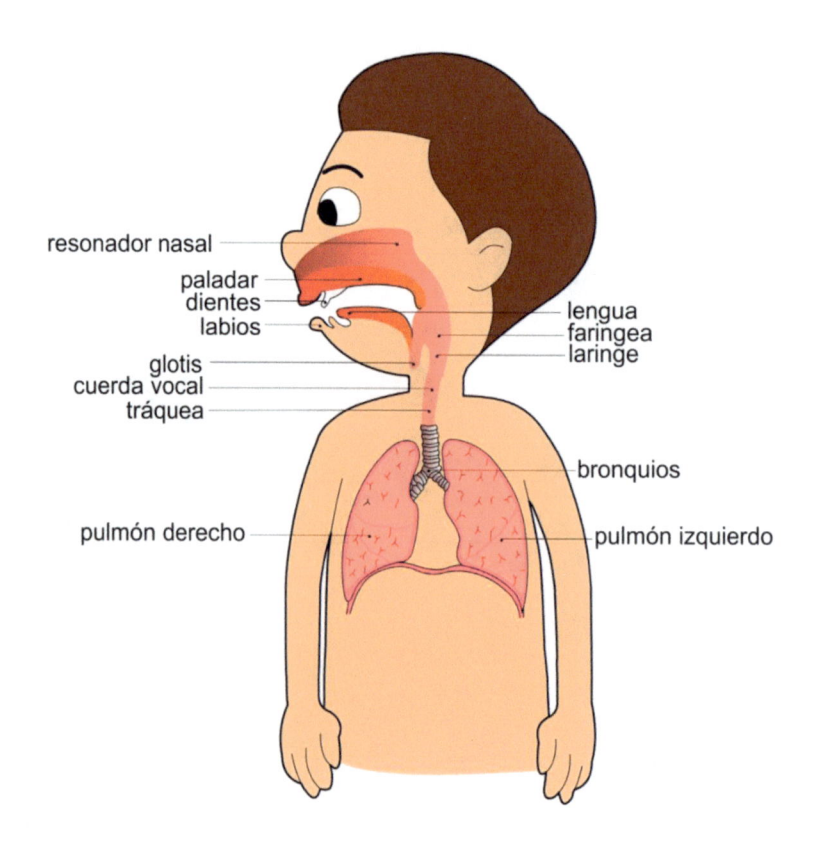

Actividad en clases.

1. Completa los espacios en blanco con la respuesta correcta.

   a. El órgano fonador está compuesto por _____

   _____.

2. Los órganos de respiración están formados por _____

   _____.

3. Los órganos de fonación se encuentran _____

   _____.

4. En los órganos de articulación se encuentran_____

   _____ y nos permiten _____.

3. Observa la siguiente figura y escriba el nombre de las partes señaladas que pertenecen al órgano fonador.

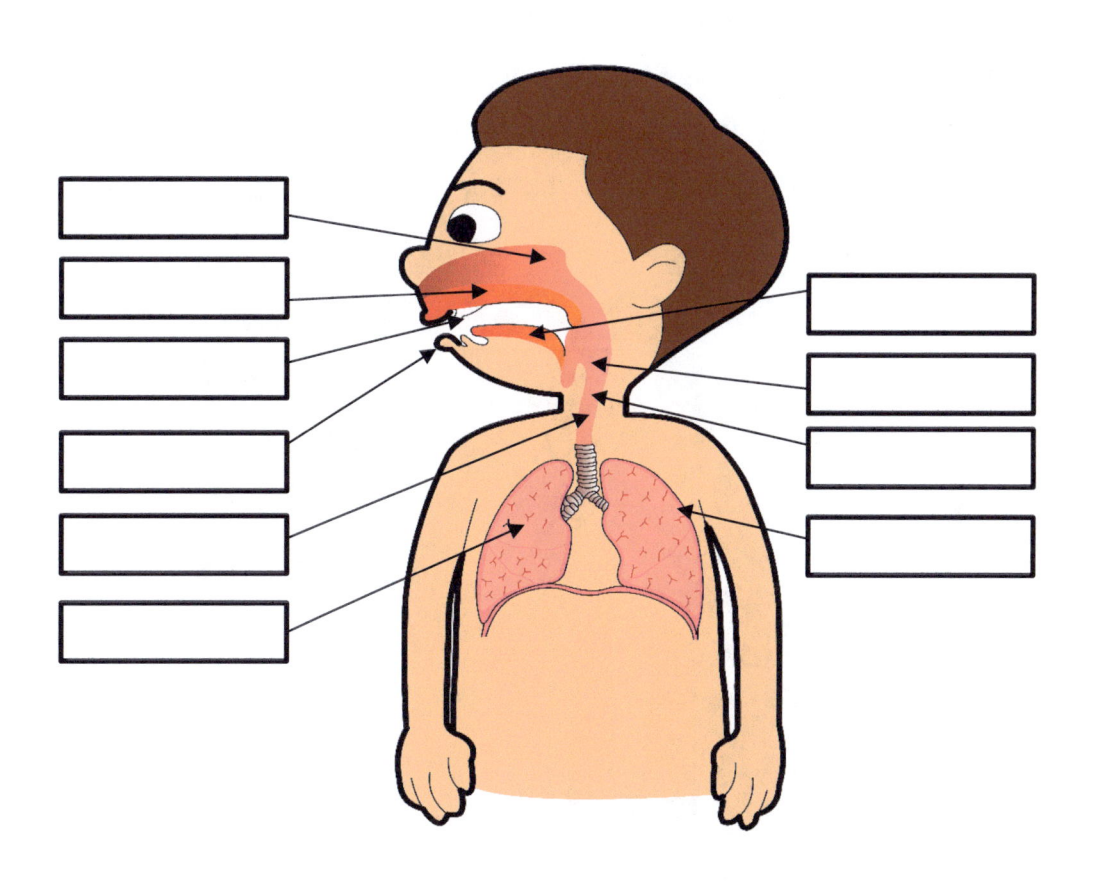

Lección 18: Respiración y relajación

Objetivo: Realiza ejercicios de relajación y respiración para el canto.

Actividad práctica

El canto es el arte que se realiza con la propia voz, mediante él expresamos emociones, alegrías, tristezas y nos puede servir como medio de comunicación. Una correcta entonación es muy importante para el canto, pero debes tener en cuenta que es esencial la práctica de técnicas de relajación con el fin de lograr una voz excelente en el momento de hablar y cantar.

Materiales: Hoja de papel liviana

Sugerencias: Los estudiantes deben realizar los ejercicios de pie no sentado, para que sus músculos tengan mayor efecto en la relajación.

En el primer ejercicio de respiración los alumnos podrán trabajar a dúos para que mientras uno practique el otro mida el tiempo así se irán alternando. El maestro(a) debe designar un número (1 y 2) a cada uno.

En la lección de hoy llevarás a cabo algunos ejercicios de relajación, pon atención:

1. Te llevarás las manos a los hombros y realizarás cinco círculos hacia delante y cinco hacia atrás, esto lo harás de una forma suave, puedes realizarlo sentado(a) o de pie, el maestro(a) decide.

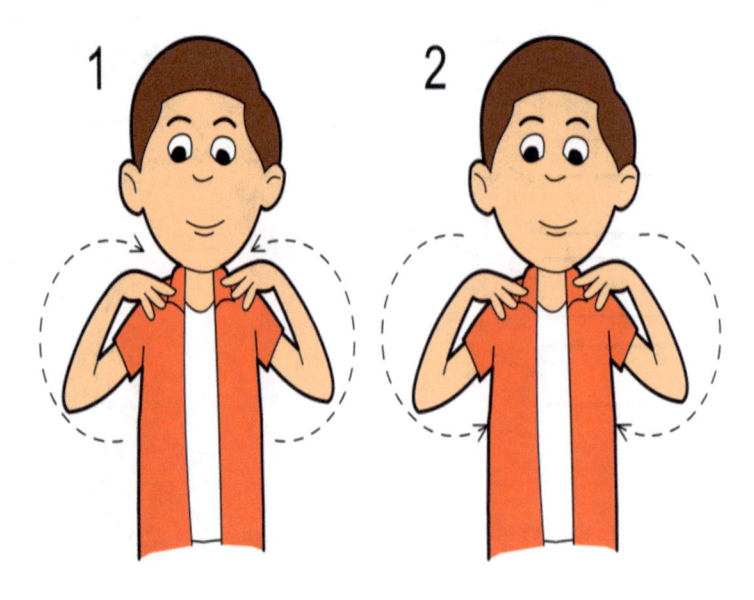

2. El segundo es también muy sencillo, de una manera suave girarás tu cabeza a la derecha, y después hacia tu izquierda en forma de negación.

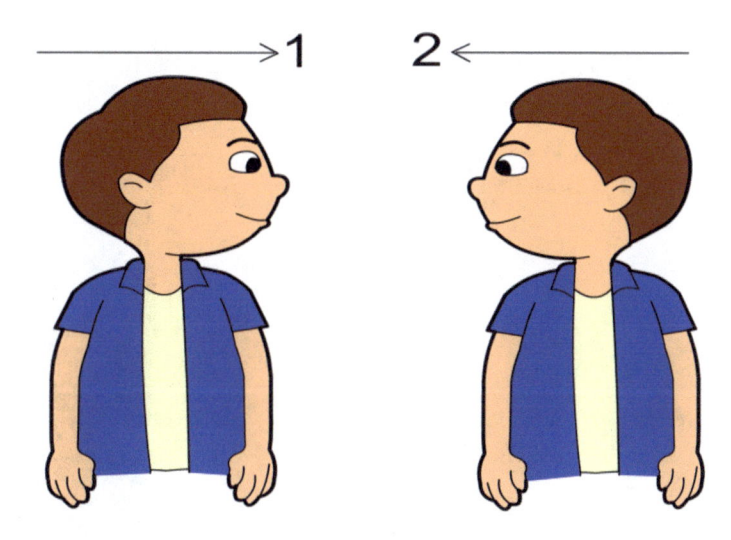

Terminado este, harás los movimientos hacia delante y hacia atrás como si estuvieras afirmando.

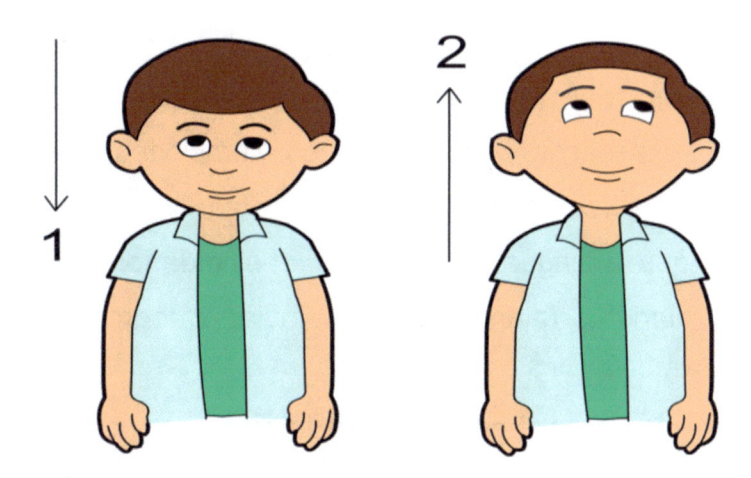

Procedemos a los ejercicios de respiración que al igual que los anteriores son muy útiles para el canto. En esta práctica se irán alternando las actividades entre los dúos.

1. En posición de pie, harás dúo con tu compañero(a).
2. Inspirarás el aire por la nariz y a la vez levantarás los brazos hasta tenerlo en forma horizontal, es decir paralelos al piso.

El tercer paso sería soltar lentamente el aire por la boca produciendo el sonido MSSSSSS, el otro estudiante irá contando el tiempo que demora su amigo(a) en soltar el aire.

Algo que debes tener presente a la hora de cantar es la posición de la lengua, ya que su mala postura puede detener algunas vibraciones, por lo tanto, te recomiendo practicar estos ejercicios de repetición de notas.

1. Tratarás que la lengua se quede en un sitio de forma tal que su punta toque los dientes inferiores (plana a la mandíbula) lo logrará más fácil tomando aire y suspirando.

2. Después de hacer el paso anterior lo repetirás, pero en esta oportunidad, en el momento de espiración entonarás vocales o consonantes, como lo decida el docente, podría ser yoy, yé, yi u otras, siempre en posición lingual ideal.

Lección 19: Tipos de voces

Objetivo: Clasifica las voces femeninas y masculinas en el coro escolar.

Sugerencias: Apoyar la clase con ejemplos para que el estudiante pueda percibir el sonido de cada una de las voces. El docente podrá escoger a varios alumnos y probarles las voces con alguna canción conocida para ellos.

Se debe tener presente la edad del estudiante, pues en la adolescencia a consecuencia de las hormonas la voz sufre cambios, convirtiéndose del registro agudo al grave.

Los coros infantiles al igual que los de adultos se caracterizan por presentar diferentes tipos de voces, la diferencia radica en que en el caso de los niños(as) (de 7 a 14 años) son muy agudas debido a que la laringe de un infante es más corta que la de mujer, y mucho más que la de un hombre. La voz infantil carece de riqueza tímbrica, de vibrato, es decir no están desarrolladas musicalmente, de ahí su denominación de **voces blancas** por la ausencia de color.

Las voces blancas se clasifican según su **tesitura** en tres grupos:

1. Voces **agudas** llamadas sopranos, con un timbre claro y brillante y en cantos de coros siempre llevan la melodía.

2. Voces intermedias o mezzosoprano: Es más grave que la soprano.

3. Voces graves o contralto: es la voz más grave dentro de las femeninas y se caracteriza por presentar abundante sonoridad y un amplio registro grave.

Actividad en clases

1. Con la ayuda del instrumento se irán clasificando cada una de las voces y se agruparán en dependencia del tipo de voz. Para agrupar las voces primero se comenzará con el registro más agudo, como aparece en el ejemplo, es decir del **do** central a **la**, las mezzosoprano o voces medias, irían de **la** grave al **fa**, y por último las voces graves o contraltos del **fa** grave al **re** de la cuarta línea. Una vez formado el coro por sus voces, estarán listo para comenzar a cantar.

soprano

mezzosoprano

contralto

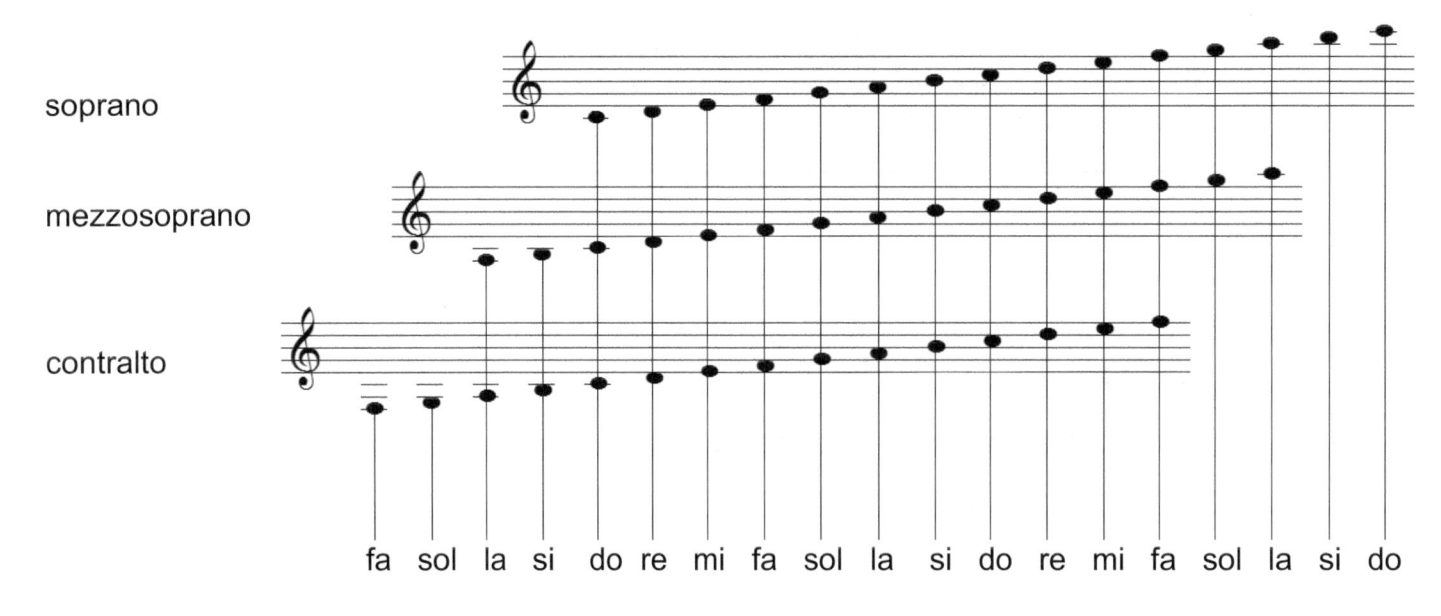

fa sol la si do re mi fa sol la si do re mi fa sol la si do

2. ¿Por qué a las voces de los niños se les denomina **voces blancas**?

_____
_____.

3. Completa el siguiente mapa conceptual relacionado con las voces blancas.

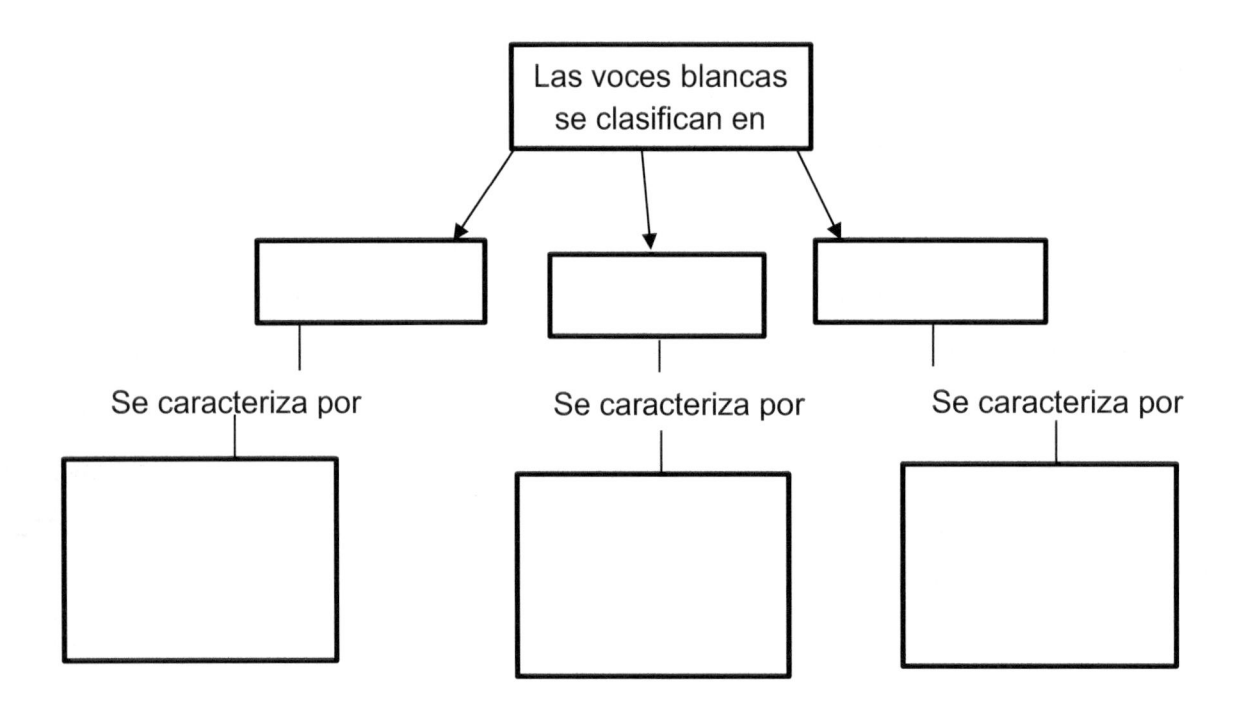

Las voces blancas se clasifican en

Se caracteriza por   Se caracteriza por   Se caracteriza por

Lección 20: El coro

Objetivo: Interpreta en el coro canción a dos voces.

Ya conoces como se clasifican las voces blancas como la tuya, por lo tanto, estas preparado(a) para cantar a dos voces esta canción que tanto conoces:

Cumpleaños feliz

S: Cum - ple - a - ños fe liz, cum - ple - a - ños fe

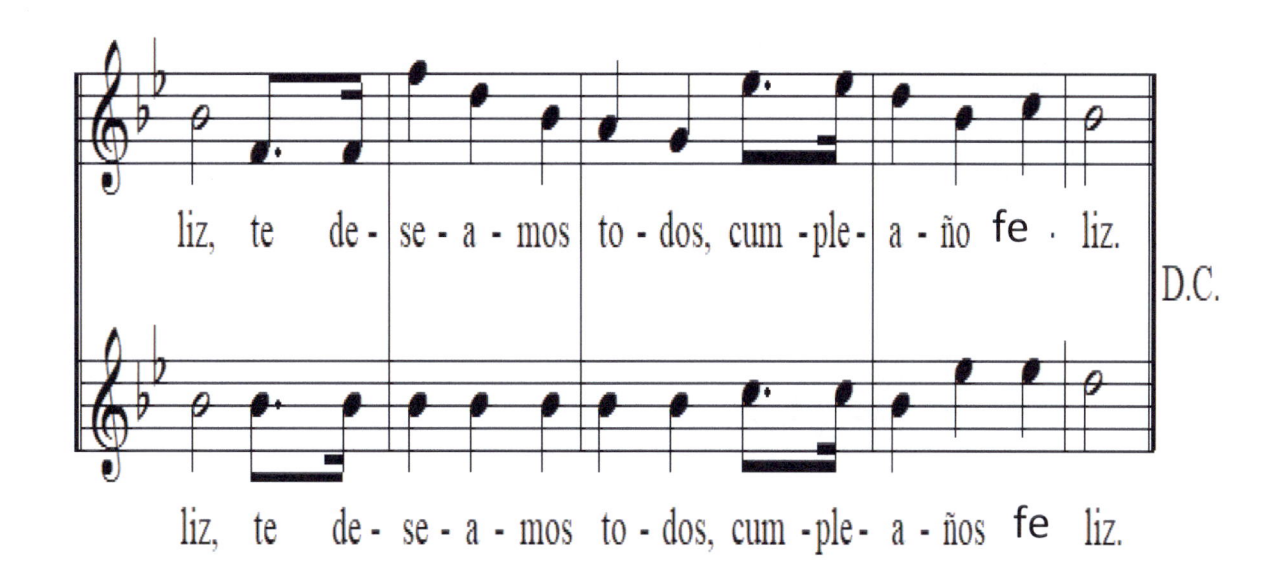

T: Cum - ple - a - ños fe liz, cum - ple - a - ños fe

liz, te de - se - a - mos to - dos, cum - ple - a - ño fe - liz.

D.C.

liz, te de - se - a - mos to - dos, cum - ple - a - ños fe liz.

La interpretación de la flauta

Lección 21: Interpretación instrumental. Flauta dulce

Objetivo: Identifica las notas musicales en la flauta dulce.

La flauta dulce es un instrumento que pertenece a viento madera, aunque en la actualidad se fabrican de plástico o metal. Presenta 8 agujeros 7 frontales y uno trasero, a cada uno le corresponde un dedo diferente. Se ejecuta soplando por uno de sus extremos (la boquilla) y tapando y destapando los agujeros con la yema de los dedos sin presionar; cuando se destapan el sonido que emite el instrumento es agudo y si se tapa es grave.

Como puede observar en la figura, en la mano izquierda el dedo 5 meñique no tapa ningún agujero. Sin embargo en la mano derecha el dedo 1 o pulgar no tapa ningún agujero, no obstante sujeta la flauta.

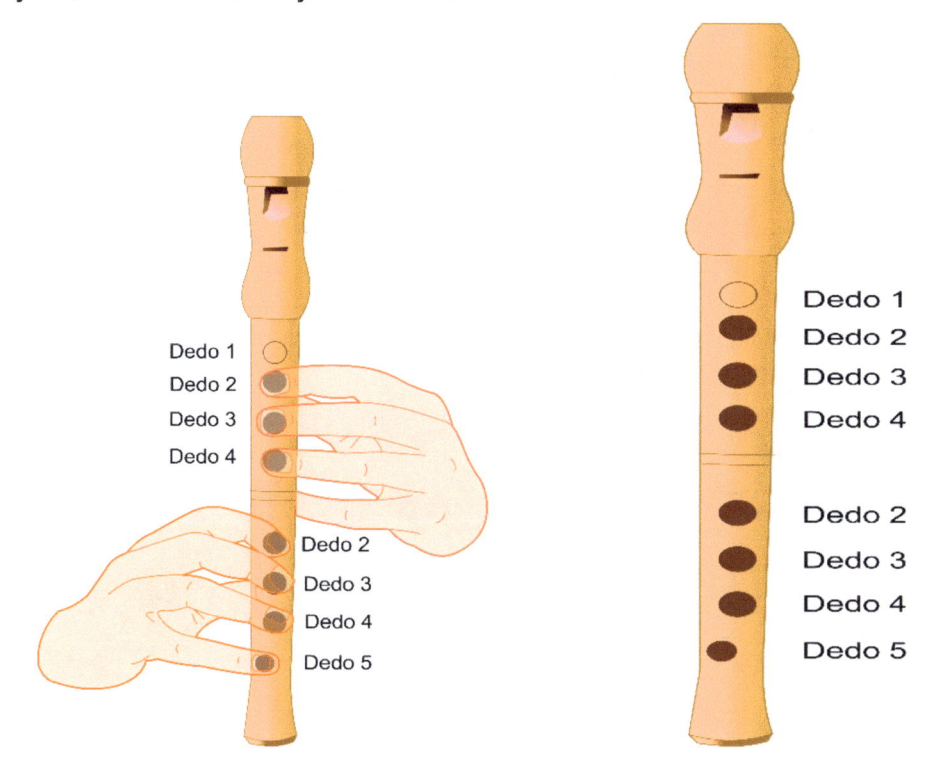

Actividad en clases:

1. Practica la escala de do mayor ascendiendo y descendiendo en la flauta dulce.

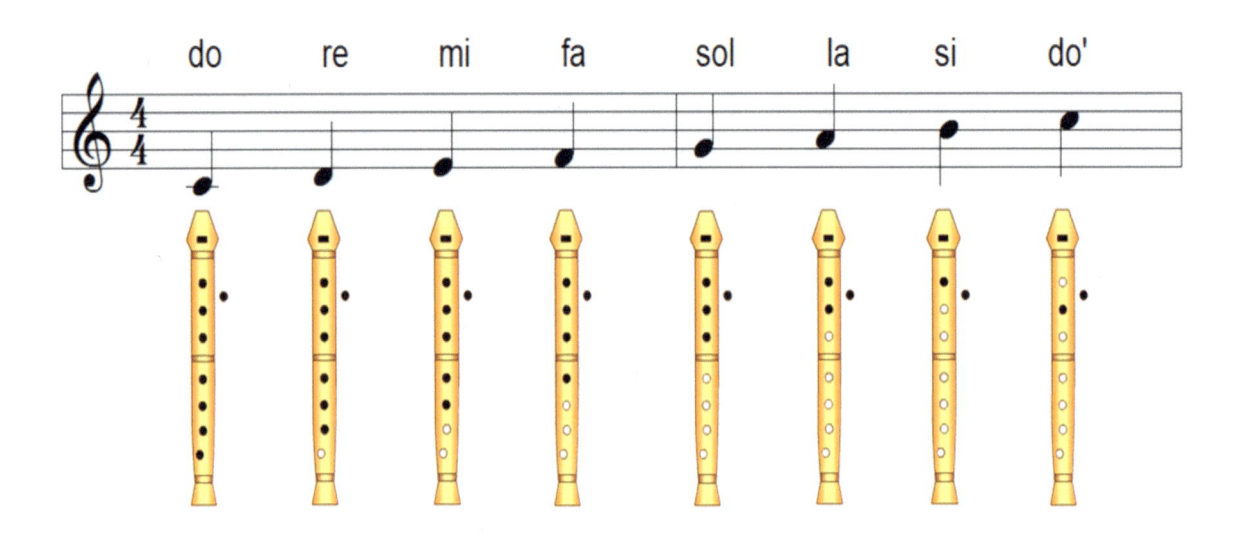

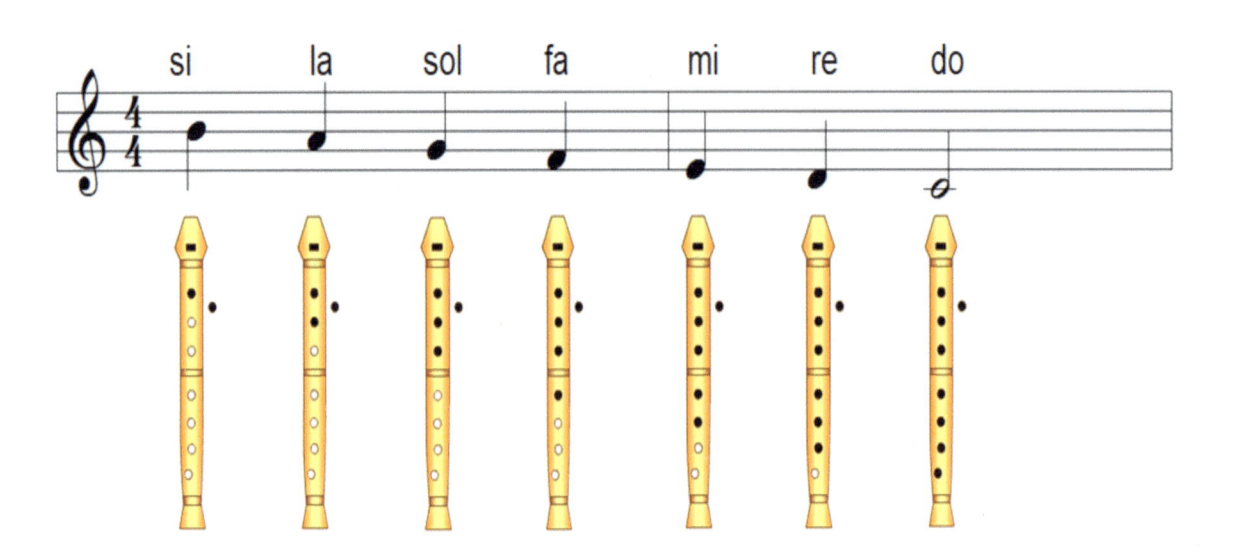

Lección 22: Interpretación instrumental. Flauta dulce

Objetivo: Interpreta la escala cromática en la flauta dulce.

5. Ejecuta la escala cromática en do mayor.

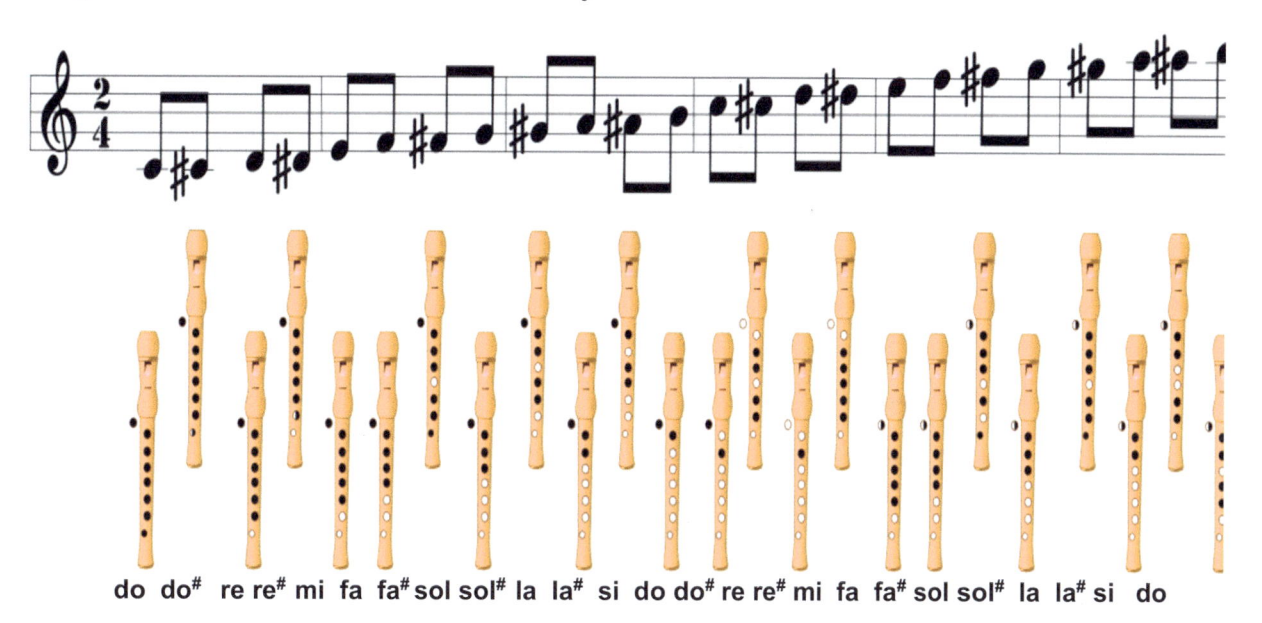

do do# re re# mi fa fa# sol sol# la la# si do do# re re# mi fa fa# sol sol# la la# si do

do si la# la sol# sol fa# fa mi re# re do# do si la# la sol# sol fa# fa mi re# re do# do

Lección 23: Interpretación instrumental. Flauta dulce

Objetivo: Interpreta melodía en la flauta dulce.

Bajo la orientación de su profesor(a) interpreta al instrumento esta melodía.

Tristeza

Chopin

Lección 24: Interpretación instrumental. Flauta dulce

Objetivo: Interpreta melodías del período romántico en flauta dulce.

Ejecuta en tu instrumento bajo la orientación de su profesor(a) este tema:

SICILIENNE

Shumann

Lección 25: Interpretación instrumental.

Objetivo: Interpreta melodía en la flauta.

Interpreta en tu flauta dulce la siguiente melodía del compositor inglés Paul Mc Cartney

Yesterday

Paul McCartney

Apreciación Musical y la música navideña

Objetivo de Aprendizaje: Valora las composiciones musicales producida por los diferentes instrumentos de una orquesta sinfónica e instrumentos folclóricos panameños.

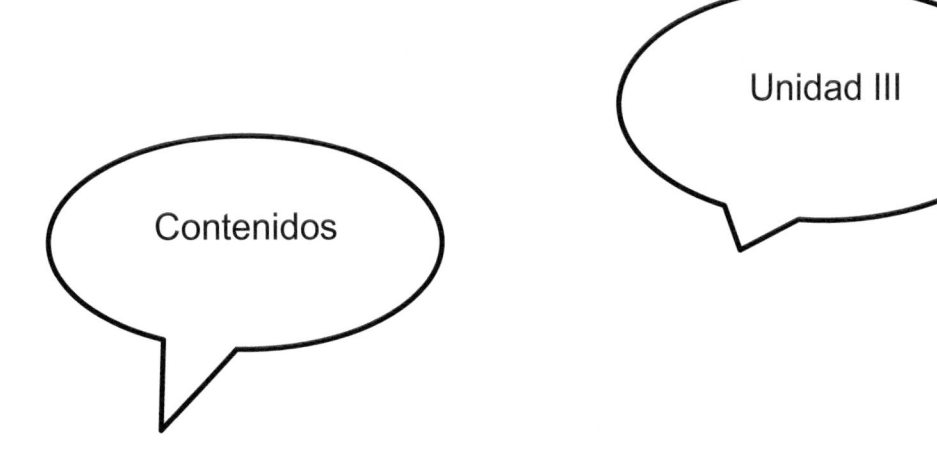

Unidad III

Contenidos

La apreciación musical: Las agrupaciones instrumentales

- ❖ Orquesta Sinfónica.
- ❖ Orquesta de Cámara.
- ❖ Bandas de Música.
- ❖ Conjuntos Típicos.
- ❖ Bandas de Jazz.

La música navideña:

- ❖ Origen y evolución de los cantos de navidad.
- ❖ Cantos tradicionales.
- ❖ Villancicos panameños

Competencias en desarrollo

Perfil ciudadano:
- Valora e integra los elementos éticos, socioculturales, artísticos a la vida en forma digna y responsable.

Social y ciudadana:
- Manifiesta responsablemente, su identidad regional y nacional mediante la demostración de valores morales, éticos, cívicos y elementos socioculturales- artísticos que le permiten fortalecer el ser social.

Competencia cultural y artística:
- Exhibe el talento artístico mediante la interpretación de instrumentos.
- Posee capacidad creativa para proyectar situaciones, conceptos y sentimientos por medio de la musical.

Contenidos

Conceptuales:
- Define las características de cada uno de los tipos de agrupaciones.
- Conoce el origen de los cantos navideños.

Procedimentales:
- Identifica las diferentes agrupaciones instrumentales por medio de la discriminación auditiva.
- Interpreta villancicos tradicionales y panameños.

Actitudinales:
- Muestra interés y admiración por la interpretación musical y artística cultural de las diferentes agrupaciones instrumentales nacionales e internacionales.
- Manifiesta alegría por la música tradicional navideña.

Indicadores de logro

- Identifica de acuerdo con el sonido, las diferentes agrupaciones instrumentales escuchadas en o video.
- Ubica en esquema la distribución frecuente de los músicos de una orquesta sinfónica.
- Nombra y describe los mayores y menores conjuntos o agrupaciones instrumentales que se encuentran en el medio musical.
- Relata de acuerdo con sus creencias sobre la celebración de la navidad en la familia y comunidad.
- Forma grupos para interpretar con alegría villancicos navideños tradicionales.
- Explica como ha evolucionado la celebración de la navidad en la familia y en la comunidad resaltando su idiosincrasia.

Lección 26: Agrupaciones instrumentales

Objetivo: Menciona el nombre de las diferentes agrupaciones instrumentales.

Sugerencias: Apoyar la clase con música de cada agrupación.

¿Qué es una agrupación instrumental? Una agrupación instrumental es un grupo de músicos interpretando varias composiciones musicales cada uno con su instrumento respectivo. Existen diferentes tipos de agrupaciones instrumentales, por ejemplo:

La orquesta sinfónica, la de cámara, bandas de música, conjuntos típicos, bandas de jazz, entre otras. Observa el siguiente cuadro en el que aparecen las características de cada una de estas agrupaciones mencionadas.

Tipos de Agrupaciones	Características	Instrumentos
Orquesta Sinfónica	Agrupación de tamaño grande.	Compuesta por varias familias de instrumentos: viento madera, viento metal, percusión y cuerda.
Orquesta de Cámara	Agrupación de tamaño pequeño.	Compuesta por instrumentos de cuerdas y de viento.
Bandas de música	Agrupación de tamaño grande formada por instrumentos que puedan ser interpretados en marchas durante un desfile.	Compuesta por instrumentos de viento y percusión.
Conjunto típico	Agrupaciones de tamaño mediano (de 8 a 12 intérpretes) cuya melodía se aplica a la música autóctona de un país o región.	Los conjuntos típicos panameños utilizan instrumentos de viento, de cuerda, de percusión

Bandas de jazz	Agrupación cuyo tamaño varía puede ir desde un número pequeño de músicos hasta un gran tamaño. Su música está basada en un género determinado, cuyo origen es afronorteamericano (el jazz). Impera la improvisación en los integrantes de este tipo de agrupación.	Instrumentos de viento, percusión y cuerdas percutidas como el piano.

Actividad en clases

1. En la siguiente sopa de letras busca el nombre de las diferentes agrupaciones instrumentales y escribe el nombre en la línea.

B	A	N	D	A	D	E	M	U	S	I	C	A
A	O	T	E	C	I	D	O	F	I	D	O	Y
N	R	R	I	O	D	A	Z	I	L	A	N	O
D	Q	E	Q	E	T	R	I	F	A	S	J	L
A	U	D	E	U	S	A	I	O	A	L	U	I
D	E	R	A	I	E	A	F	I	D	Y	N	Q
E	S	I	D	A	D	S	H	I	J	O	T	A
J	T	A	T	I	A	V	T	E	H	O	O	S
A	A	D	A	R	O	D	R	A	I	G	T	U
Z	S	U	N	I	L	A	I	L	D	U	I	X
Z	I	S	I	D	R	O	R	A	M	E	P	A
A	N	E	H	G	U	E	Z	A	T	C	I	W
S	F	T	E	E	T	R	E	M	A	A	C	I
T	O	I	R	S	Y	H	E	O	U	M	O	D
O	N	O	A	O	S	A	P	O	E	A	M	Y
M	I	R	M	M	A	R	I	A	J	R	E	D
A	C	M	A	A	C	R	I	T	O	A	D	A
D	A	A	T	R	I	R	A	D	F	A	A	S

Agrupación que interpreta música basada en un género determinado, cuyo origen es afronorteamericano (el jazz). _____.

Agrupación de tamaño grande compuesta por Compuesta por instrumentos de viento y percusión_____

Agrupación de tamaño mediano cuya melodía se aplica a la música autóctona de un país o región_____.

Agrupación de tamaño grande compuesta por varias familias de instrumentos_____.

Agrupación de tamaño pequeño compuesta por instrumentos de cuerdas y de viento _____

Lección 27: Agrupaciones instrumentales

Objetivo: Identifica de acuerdo con las figuras, las diferentes agrupaciones instrumentales.

Actividad práctica

1. Observa las siguientes figuras e identifica a qué tipo de agrupación pertenece cada una.

a. Escribe las características de cada una incluyendo la familia de instrumentos.

_____
_____
_____
_____
_____

_____
_____
_____
_____
_____

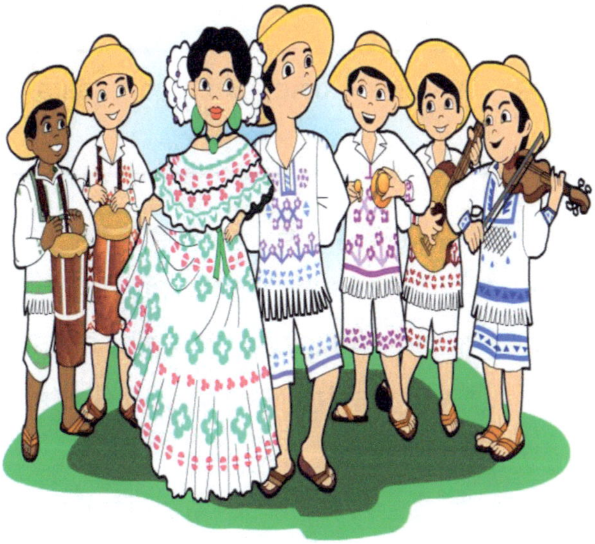

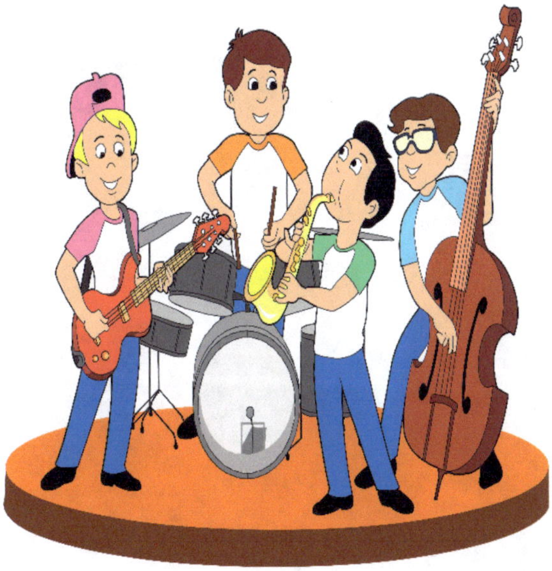

Lección 28: Orquesta sinfónica

Objetivo: Observa mediante figura la ubicación de los músicos en la orquesta sinfónica

La Orquesta sinfónica es una agrupación de tamaño grande, está compuesta por varias familias de instrumentos los que ocupan una posición específica en la entidad.

En Panamá como en otros países existe una Orquesta sinfónica nacional, esta se fundó el 27 de mayo de 1941, su primer director fue el maestro Herbert De Castro, en la actualidad la dirige el maestro Jorge Ledezma Bradley.

Observa el lugar que ocupan cada uno de los músicos de la orquesta sinfónica.

Actividad en clases

I. Responde las siguientes preguntas auxiliándote de la página 60:

a. ¿Qué características tiene la Orquesta sinfónica?

_____
_____
_____
_____
_____

b. ¿En qué año se fundó la Orquesta sinfónica de Panamá?

_____.

c. Escribe el nombre del primer director de la Orquesta sinfónica de Panamá y el nombre de su actual director.

_____.

d. Observa la figura de la página 60 y cuenta cuántos instrumentos son de viento, de cuerda y de percusión, escriba en número en cada línea:

viento: _____   cuerda: _____   percusión: _____

e. Dirígete a las páginas 63, 65, 67 y busca el nombre de los instrumentos de la Orquesta sinfónica que has identificado como viento, cuerda y percusión. Escribe sus nombres en las líneas:

viento:
_____
_____

cuerda:
_____
_____

percusión:
_____
_____

f. ¿Observa bien los instrumentos de las páginas citadas en el inciso **e** y escribe cuál instrumento falta en la figura de la página 60: _____?

Lección 29: Orquesta sinfónica

Objetivo: Ubica mediante figura los músicos en la orquesta sinfónica

Actividad práctica

Materiales: Papel de construcción, tijeras, goma.
Sugerencias: Realizar la actividad en grupos de dos estudiantes. Procedimientos:
1. Escoge 2 papeles de construcción de tono claro, pégalo uno encima del otro por uno de los bordes para extender su tamaño.
2. Guiándote por el modelo del escenario de la orquesta sinfónica, traza uno igual, pero de mayor tamaño en el papel de construcción.
3. Recorta cada uno de los músicos e instrumentos y ubícalos en el lugar correcto.

Diagrama del escenario:
- triángulo, xilófono, timbales, platillos, caja
- trompetas, trombones
- trompas, tuba
- clarinetes, fagotes
- trompas, contra fagot
- flautas, oboes
- piano, corno inglés
- arpa
- violines II, violas
- contrabajos
- violines I, violonchelos

| cuerdas | viento madera | viento metal | percusión | otros |

trombón — trompeta  — trompa

tuba  — clarinete  — fagot

contrafagot  — triángulo

flauta · oboe · violín 2

violín 1 · viola · violonchelo

timbales · arpa · platillos

piano

contrabajo

corno inglés

caja

xilófono

Lección 30: Origen de las canciones navideñas

Objetivo: Conoce el origen de las canciones navideñas.

Interpreta canciones navideñas a dos voces.

En el mes de diciembre ya se sienten los aires navideños, todo es alegría, las familias se alistan para los regalos, y el 24 se llevan a cabo cantatas con temas navideños o los llamados **villancicos**, celebrándose así las festividades más importantes del año, "la navidad" o nacimiento del niño Jesús.

¿Conoces el origen de los cantos navideños o villancicos? Los villancicos en sus inicios no tenían relación con la navidad, por el contrario, eran melodías que no iban acompañas de instrumentos, se cantaban en las zonas rurales con el fin de relatar los eventos y sucesos ocurridos en el lugar, eran algo así como las noticias de último minuto en todo tipo de tema, pero miembros de la iglesia se percataron del ritmo tan contagioso de estas canciones que la utilizaron para difundir el evangelio y fueron adaptándolas logrando gran acogida en los servicios eclesiásticos, cantándolo los habitantes de las villas y conociéndose como **villancicos**.

Los villancicos reciben diferentes nombres en varios países, por ejemplo, en Bulgaria y Polonia recibe el nombre de Koleda, en Italia Pastorali, en Ucrania y Rusia lo llaman Koliadki, en Alemania es denominado Weihnachtslieder, en los países de idioma inglés Christmas Carols, en Venezuela Agüinado, y en Centroamérica y México Posadas.

Actividad en clases

1. Escribe el nombre de los villancicos que cantas en navidad. ¿Cuál consideras que es el más conocido?

_____
_____.

2. Canta el siguiente villancico a dos voces con tus compañeros de salón.

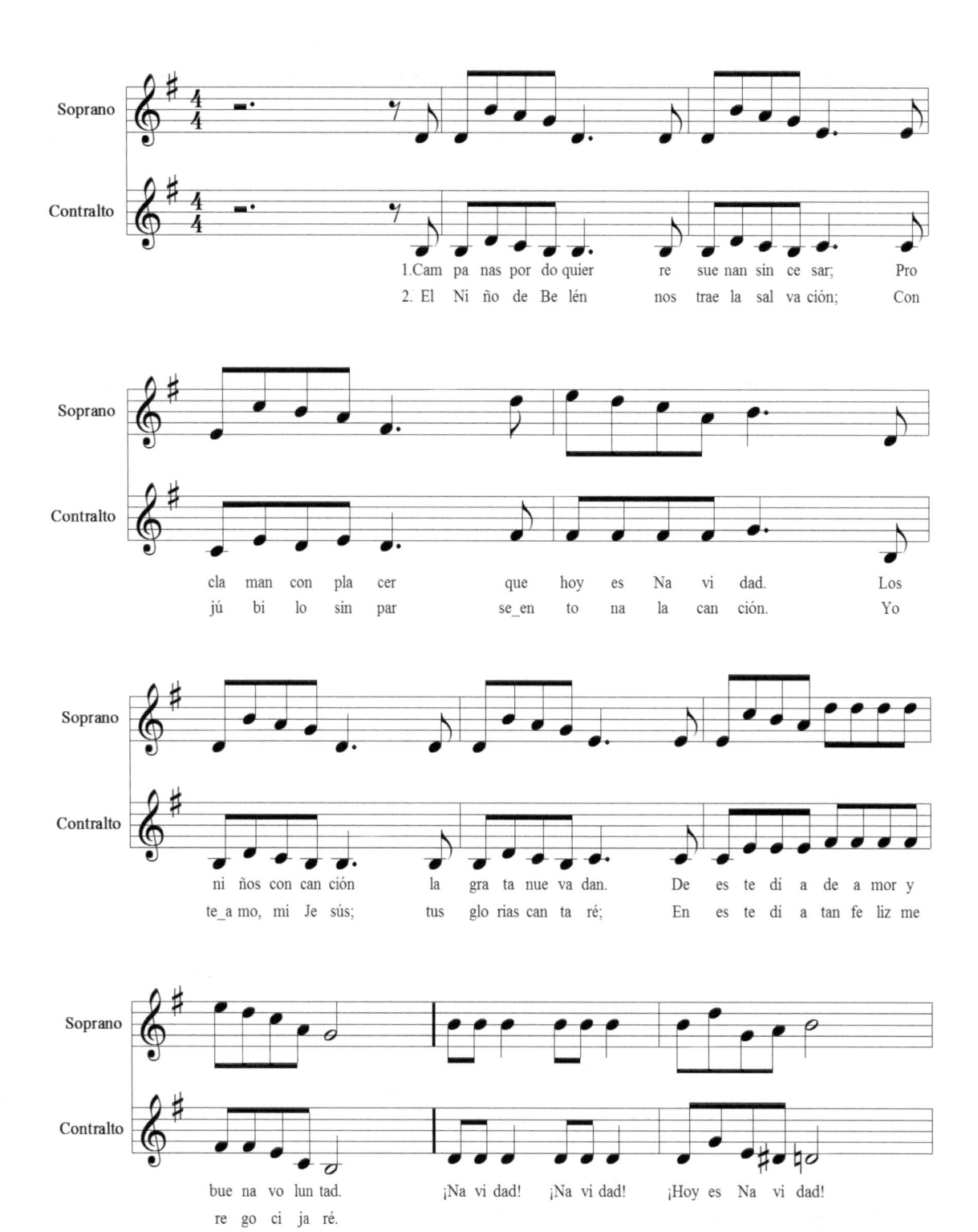

Hoy es Navidad

1. Campanas por doquier resuenan sin cesar;
Proclaman con placer que hoy es Navidad.
Los niños con canción la grata nueva dan.
De este día de amor y buena voluntad.
¡Navidad! ¡Navidad! ¡Hoy es Navidad!

2. El Niño de Belén nos trae la salvación;
Con júbilo sin par se entona la canción.
Yo te amo, mi Jesús; tus glorias cantaré;
En este día tan feliz me regocijaré.
¡Navidad! ¡Navidad! ¡Hoy es Navidad!

Lección 31: Canciones navideñas

Objetivo: Interpreta mediante el canto canciones navideñas a dos voces.

Interpreta bajo la orientación de tu maestro(a) la canción navideña, Al mundo paz.

Al mundo paz

1. ¡Al mundo paz, nació Jesús! Nació ya nuestro Rey; El corazón ya tiene luz, Y paz su santa
2. ¡Al mundo paz, el Salvador En tierra reinará! Ya es feliz el pecador, Jesús perdón le
3. Al mundo él gobernará Con gracia y con poder; A las naciones mostrará Su amor y su po-

71

Lección 32: Canciones navideñas

Objetivo: Interpreta canciones navideñas a dos voces.

Noche de Paz

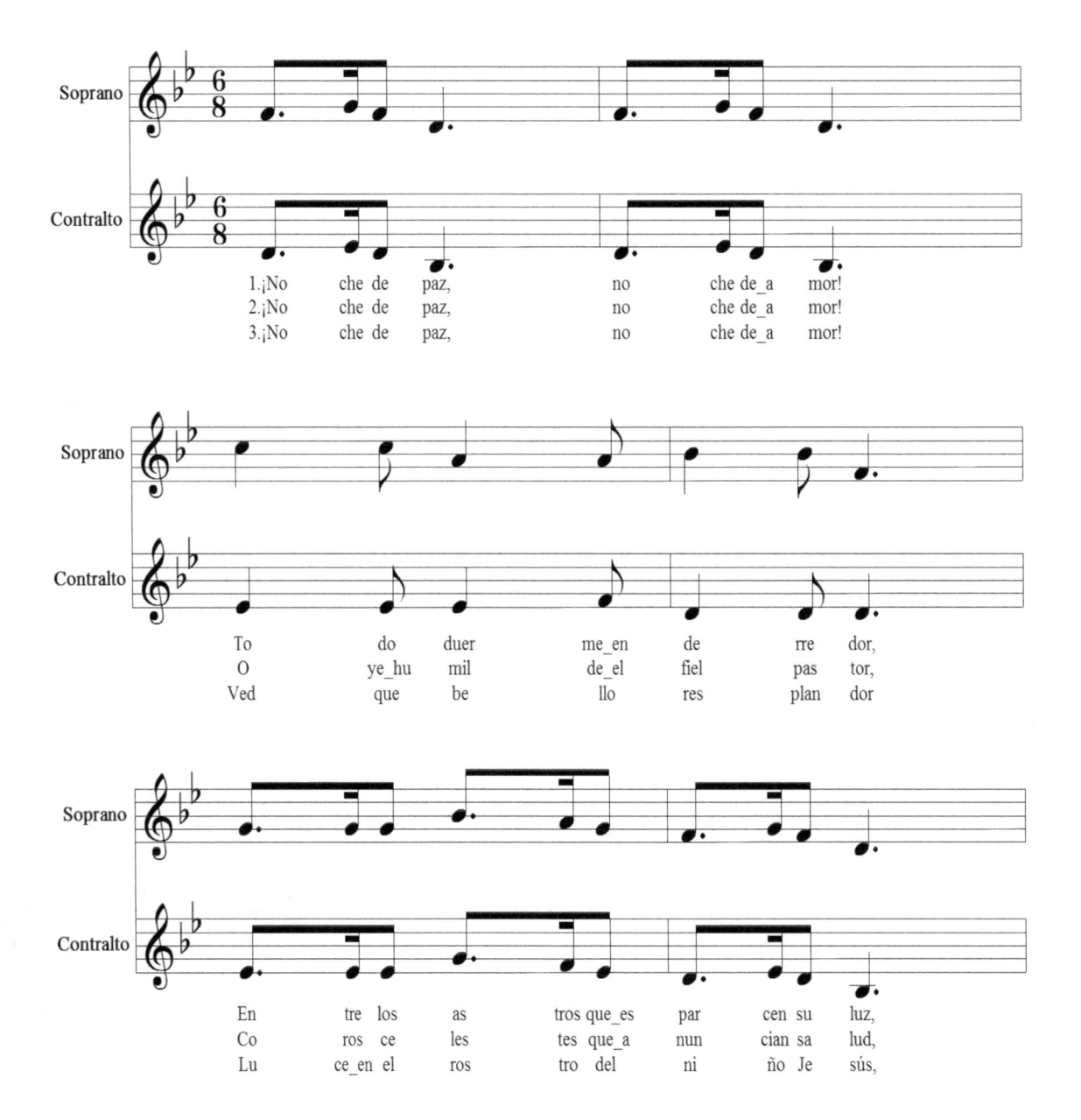

1. ¡Noche de paz, noche de amor!
2. ¡Noche de paz, noche de amor!
3. ¡Noche de paz, noche de amor!

Todo duerme en derredor,
Oye humilde el fiel pastor,
Ved que bellos resplandor

Entre los astros que esparcen su luz,
Coros celestes que anuncian salud,
Luce en el rostro del niño Jesús,

Lección 33: Canciones navideñas

Objetivo: Interpreta mediante el canto canciones navideñas panameñas

Interpreta bajo la orientación de tu maestro(a) esta bella canción navideña con ritmo de tamborito, Vamos al portal, del compositor panameño Néstor Jaén:

Vamos al portal

Vamos al portal. Nestor Jaén

Estribillo: Vamos al portal con tamborito de Panamá, al niño adorar que en un ranchito ha nacido ya vamos a cantar que nuestro pueblo contento está, hay que festejar porque ha llegado la navidad.

Estrofa: Llevemos flauta, caja y tambor, guitarra, bajo y un acordeón el campesino alzará su voz de tierra adentro pá el niño Dios.

José y María con hambre están llevemos leche acabá de ordeñá, quesito fresco y café con pan, arroz con coco, bollo y tamal.

Estribillo: Vamos al portal con tamborito de Panamá, al niño adorar que en un ranchito ha nacido ya vamos a cantar que nuestro pueblo contento está, hay que festejar porque ha llegado la navidad.

Estrofa: Una saloma al salir el sol será el regalo de nuestro amor y cantaderas de dos en dos para el Dios Niño que nos salvó.

Nuestra comida bien prepará pá el barrio entero debe alcanzar, pues como amigos en hermandad partimos tó lo que Dios nos da.

Estribillo: Vamos al portal con tamborito de Panamá, al niño adorar que en un ranchito ha nacido ya vamos a cantar que nuestro pueblo contento está, hay que festejar porque ha llegado la navidad.

Glosario

Acorde: Conjunto de tres o más nota que suenan al unísono y constituyen una unidad armónica.

Altura musical: Parámetro que determina la frecuencia de un sonido.

Blanca: Figura musical, cuyo valor es 2 tiempo formada por una cabeza blanca y una plica.

Cabeza o topillo: Parte de la nota musical de forma ovalada.

Capacidad respiratoria: Cantidad de aire que es posible expulsar de los pulmones.

Clave de fa: Primer signo que se coloca en el pentagrama grave.

Clave de sol: Signo apropiado para representar sonidos agudos.

Clave musical: Signo que se emplea para indicar la altura del sonido.

Compás: Categoría métrica musical compuesta por unidades de tiempo.

Corchea: Figura musical que se representa con un óvalo coloreado en negro, unido a una plica vertical con un corchete.

Cuerdas vocales: Estructura del aparato fonador encargado de la producción de la voz.

El sistema de notación musical inglés: Es un tipo de notación musical alfabético.

Escala cromática: Es la sucesión de notas de en modo ascendente y descendente.

Escala musical: Conjunto de sonidos ordenados, dispuestos en orden ascendente y descendente.

Faringe: Estructura en forma de tubo situada entre el cuello0, que ayuda a respirar.

Fusa: Figura musical que se representa con un óvalo coloreado en negro, unido a una plica vertical con tres corchetes.

Glotis: Orificio que se ve en la parte del fondo de la garganta, situada entre las cuerdas vocales.

Instrumentos autóctonos: Son aquellos originarios de un país o región.

Instrumentos de cuerda: Son los que producen sonidos por medio de la vibración de una o varias cuerdas.

Instrumentos de percusión: Son los que producen sonidos al ser golpeado con una baqueta, una maza, otro instrumento del mismo tipo.

Instrumentos de viento: Crean sonidos por medio de la vibración producida por una columna de aire.

Instrumentos melódicos: Son aquellos que se pueden afinar.

Instrumentos no melódicos: Son aquellos que no se pueden afinar.

Intervalo: Diferencia de altura entre dos notas musicales.

Laringe: Órgano de fonación llamado también caja de la voz.

Melódico: Sonido con alturas y ritmos musicales.

Membranófonos: Instrumento musical cuya vibración se produce en una membrana tensa.

Negra: Figura musical cuyo valor es 1 tiempo, formada por una cabeza sombreada y una plica.

Nota musical: Elemento mediante el cual se forman diferentes melodías.

Órgano fonador: Parte del cuerpo humano compuesta por laringe, cuerdas vocales resonadores -nasal, bucal y faríngeo.

Pentagrama agudo: Donde se ubican las notas de alta frecuencia audible.

Pentagrama doble: Compuesto por pentagrama agudo y pentagrama grave, utilizado para instrumentos como el piano.

Pentagrama Grave: Donde se ubican las notas de baja frecuencia audible.

Pentagrama: Conjunto de cinco líneas y cuatro espacios.

Plica: Línea vertical que va unida a la cabeza de la nota.

Redonda: Figura musical, cuyo valor es 4 tiempos formada solamente por la cabeza.

Registro o extensión vocal: Término extenso pues incluye todos los sonidos que llega una voz desde el grave hasta el agudo.

Ritmo: Movimiento controlado medido o sonoro.

Rubato: Es la libertad expresiva y rítmica debido a un exceso de velocidad, y de inmediato una disminución en la velocidad con mucha discreción.

Ruido: Sonido no agradable sin armonía.

Semicorchea: Figura musical que se representa con un óvalo coloreado en negro, unido a una plica vertical con dos corchetes.

Silencio Musical: Ausencia de ruido o silencio.

Sonido determinado: Sonido melódico en el que se puede medir la altura.

Sonido indeterminado: Es un sonido que no tiene melodía y no se puede medir la altura.

Sonidos agudos: Sonidos cuya frecuencia es alta.

Sonidos graves: Sonidos o tonos cuya frecuencia es baja.

Vocalizar: Pronunciación de forma correcta de todos los sonidos.

Voz blanca o infantil: Voz que presentan los niños antes de la pubertad, aproximadamente entre los 12 a 14 años.

Voz blanca: Se denomina voz blanca a la voz musical de los niños y niñas antes de su pubertad.

BIBLIOGRAFÍA

Rodríguez Ada, Alegría Musical 1, Panamá, Editorial Ventura.2016
Rodríguez Ada, Alegría Musical 2, Panamá, Editorial Ventura 2017
Rodríguez Ada, Alegría Musical 3, Panamá, Editorial Ventura 2016
Rodríguez Ada, Alegría Musical 4, Panamá, Editorial Ventura 2019
Rodríguez Ada, Alegría Musical 5, Panamá, Editorial Ventura 2019
Garay Díaz, Narciso E, Tradiciones y cantares de Panamá, 1999

Editorial Arte y, Literatura	Diccionario Oxford de la Musica.1980
Athos Palma	Teoría razonada de la música. 2008
Hugo Riemann	Teoría general de la música. 2005
Paul Hindemith	Elementary Training for Músicians. 1946
Ríos, Régulo	Iniciación musical para la escuela panameña. ImprentaLIL. Costa Rica1987.
John Brimhall	Cuaderno de Teoría. 1971

- Hohn Brimhall   Cuaderno de Teoría.

- Ríos, Régulo   Iniciación musical para la escuela panameña. ImprentaLIL.Costa Rica1987.

- John Brmhall   Cuaderno de Teoría.

- Ricardo Mackay   Expresiones artísticas. Edit.Susaeta

- Hilarión Eslava   Método completo de Solfeo

https://es.wikipedia.org/wiki/Quinta

Made in the USA
Columbia, SC
01 February 2025